Praxis Impulse

Ingrid Dröse, Lorenz Weiß

Grundschule braucht Methoden

westermann®

© 2008 Bildungshaus Schulbuchverlage
Westermann Schroedel Diesterweg Schöningh Winklers GmbH, Braunschweig
www.westermann.de

Druck A[1] Jahr 2008
Alle Drucke der Serie A sind im Unterricht parallel verwendbar.

Redaktion: Nicole Amrein
Illustrationen: Christoph Schmidt
Fotos: Ingrid Dröse/Lorenz Weiß
Herstellung und Satz: PER Medien+Marketing GmbH, Braunschweig
Druck und Bindung: westermann druck GmbH, Braunschweig

ISBN 978-3-14-**163024**-4

Inhaltsverzeichnis

Übersicht über die Kopiervorlagen

Vorwort

In seiner ursprünglichen Bedeutung bezeichnet Methode einen „Weg zu einem Ziel hin". Das meint ein stringentes, geplantes Vorgehen.

Ein wichtiges Kennzeichen des Begriffes der Methode ist die Zielgerichtetheit. Wer methodisch vorgeht, vermag über seine Handlungsabsichten und -ziele Rechenschaft zu geben. Vor allem vermag er die Mittel und Vorgehensweisen, die er zur Erreichung bestimmter Ziele wählt, aus der Theorie des Gegenstandsbereiches zu begründen.

In der Fachliteratur sind verschiedene Bedeutungsnuancen und Verwendungsebenen des Begriffes „Methode" zu finden. In Anlehnung an die ursprüngliche Bedeutung des Begriffes lassen sich folgende Aspekte nennen:

Methoden sind Verfahren, mit denen Unterrichtsinhalte, Kenntnisse und Erkenntnisse systematisch gewonnen und strukturiert dargestellt werden können.

Mit Hilfe von Methoden werden Lernprozesse initiiert und gestaltet. Methoden helfen,
• die Lernenden zu aktivieren,
• Kompetenzen zu nutzen,
• Organisationsprozesse zu organisieren,
• Kooperation zu initiieren.

Methodenvielfalt – eine Voraussetzung für einen schülerorientierten, erfolgreichen Unterricht

Alle im Buch aufgezeigten Methoden sind mehrfach unterrichtspraktisch erprobt, sie
• fördern das selbstständige sowie eigenverantwortliche Arbeiten und Lernen der Kinder,
• fördern die Teamfähigkeit der Lernenden,
• schulen die Kommunikationsfähigkeit der Kinder,
• sind fachunabhängig einsetzbar,
• ermöglichen abwechslungsreicheren Unterricht,
• sind eine Ergänzung – kein Ersatz (!) – des lehrerzentrierten Unterrichts,
• entlasten – wenn eingeschult – die Lehrkraft,
• können von der Lehrkraft individuell auf ihre Klasse hin modifiziert werden.

Einsatzmöglichkeiten im Unterricht

Die aufgezeigten Methoden sind inhaltsunabhängig und deshalb in den verschiedenen Phasen und Fächern des Unterrichts einsetzbar. Die Erfahrung zeigt jedoch, dass sich einzelne Methoden in bestimmten Phasen des Unterrichts besonders gut eignen:

Ideen und Erfahrungen einbringen	Inhalte erarbeiten	Inhalte üben und vertiefen
Basar Ideenrotation Kugellager Schreibgarten	STEX Think Pair Share Lernspaziergang Häuptling Schleichohr Schreibgarten	4 aus 16 Das unterschreibe ich Basar Kugellager Think Pair Share
Inhalte präsentieren und informieren	**Feedback**	...
Galerie Kugellager Basar	Blitzlicht Basar Kugellager	

2 Hinweise zum Umgang mit diesem Buch

In diesem Band finden Sie eine Vielzahl grundschulrelevanter und unterrichtspraktisch bewährter Methoden, die
- die Selbstständigkeit der Kinder fördern,
- fachunabhängig einzusetzen sind und
- die Lehrkraft – wenn eingeschult – entlasten.

Alle Methoden sind mit relevanten Lerninhalten für den direkten Einsatz im Unterricht aufbereitet. Die Methodenkarten zeigen im Bausteinsystem auf einen Blick:
- Methode
- Variationsmöglichkeiten und Hinweise zur Weiterarbeit
- Unterrichtspraktisches Beispiel
- Weitere Kopiervorlagen

Mit den speziell auf die jeweilige Methode abgestimmten Kopiervorlagen kann die Lehrkraft problemlos die Methoden in ihren Unterricht integrieren. Sie erkennt:

... Um welche Methode geht es?

↓

– Intention der Methode
– Durchführung/Weiterarbeit/Variationen
– benötigtes Material
– Tipps und Tricks

... Wie kann die Methode eingesetzt werden?

↓

unterrichtspraktisches Beispiel
mit Kopiervorlagen

... Was kann dabei beobachtet werden?

↓

Beobachtungsbogen zur Erfassung
von Sozial-, Lern- und Arbeitsverhalten
sowie fachspezifischen Beobachtungen

Auswirkungen auf den Unterricht:

Abwechslungsreich und die Selbstständigkeit fördernd

Wechselnde Methoden und Sozialformen garantieren Ihnen einen abwechslungsreichen Unterricht. Die Methoden und die Unterrichtsbeispiele liefern nicht nur zahlreiche Sprechanlässe, sondern fördern selbstständiges Arbeiten, motivieren zu individuellen und gemeinsamen Lösungsansätzen und ermöglichen ein aktives, selbst bestimmtes Lernen.

Freiräume für die Lehrkraft

Die Methoden ermöglichen aktives selbst bestimmtes Lernen und schaffen damit für die Lehrenden einen Freiraum zur Beratung, Beobachtung und Begleitung des Lernprozesses der Kinder. Die Lehrkraft kann sich zurücknehmen und wird stärker Lernberater und Lernbegleiter.

Die Westermann Praxis Pädagogik Unterrichtsmaterialien für „Methoden in der Grundschule" sind kindgerecht und grundschulrelevant aufbereitet und unabhängig vom eingeführten Schulbuch einsetzbar.

Viel Erfolg bei der Durchführung wünschen
Ingrid Dröse und Lorenz Weiß

Bitte wenden Sie sich bei Fragen oder Anmerkungen an den Verlag oder an
lorenz.weiss@web.de

Methoden müssen trainiert und reflektiert werden! 1

Nach der Durchführung einer Methode bietet es sich an sowohl

1. das Ergebnis
2. als auch den Prozess der Durchführung der Methode zu reflektieren.

Zum Beispiel bei der Methode Basar:

Blitzlicht 1 (→ Seite 92): Die Lehrkraft gibt einen Satzanfang vor:

„Bei der Methode „Basar" hat mir gefallen, dass ..." (vgl. auch → KV 89)

Blitzlicht 2: „Damit die Methode „Basar" besonders gut klappt, empfehle ich ..."

(vgl. auch → KV 90)

Methoden müssen trainiert und reflektiert werden! 2

Methoden haben Trainingscharakter
und werden in kleinen Schritten eingeführt.
Nach der Einführung muss die jeweilige Methode immer wieder
mit den Kindern reflektiert und ständig trainiert werden.
Methoden können auf den eigenen Unterricht
und auf die Voraussetzungen der Klasse zugeschnitten und verändert werden.

© Bildungshaus Schulbuchverlage Westermann Schroedel Diesterweg Schöningh Winklers GmbH, Braunschweig 2007, ISBN 978-3-14-163024-4

Eine erste Chaoserfahrung ist ganz normal, wenn man eine Methode neu einführt!

Schließlich werden die Kinder doppelt beansprucht:

1. Die Lernenden lernen den Ablauf der Methode erstmals kennen.
2. Gleichzeitig arbeiten die Kinder mit einem Inhalt.
   Dies führt bei manchen Kindern zu einer Überlastung des Arbeitsgedächtnisses.

Deshalb ist es sinnvoll, die jeweilige Methode zunächst an einem sehr einfachen Beispiel einzuführen, damit die Lernenden mit dem Verlauf der Methode vertraut werden. Bei weiterem Einsatz der Methode mit anderen Inhalten können sich die Kinder voll und ganz dem Inhalt widmen.

Methoden erfordern zielgerichteten Einsatz!

Der Einsatz der jeweiligen Methode sollte gut überlegt und den Zielen des Unterrichts und dem Inhalt angemessen sein.

Ein Einsatz der Methode um der Methode willen ist nicht sinnvoll.

© Bildungshaus Schulbuchverlage Westermann Schroedel Diesterweg Schöningh Winklers GmbH, Braunschweig 2007, ISBN 978-3-14-163024-4

westermann®

Methoden können unter verschiedenen Aspekten betrachtet werden!

Methoden werden u. a. unterschieden nach

- dem didaktischen Potenzial,
- ihrer Funktion in den Phasen des Lernprozesses,
- nach Methoden des Lehrenden und
- nach Methoden des Lernenden.

Wenn Lernende mit Methoden selbstständiger arbeiten können, ist die Lehrkraft entlastet!

Die Methoden ermöglichen aktive, selbstbestimmtes Lernen

und schaffen damit für den Lehrenden einen Freiraum

- zur Beratung,
- zur Beobachtung und
- zur Begleitung des Lernprozesses der Kinder.

Die Lehrkraft kann sich zurücknehmen und
wird stärker Lernberater und Lernbegleiter.

© Bildungshaus Schulbuchverlage Westermann Schroedel Diesterweg Schöningh Winklers GmbH, Braunschweig 2007, ISBN 978-3-14-163024-4

© Bildungshaus Schulbuchverlage Westermann Schroedel Diesterweg Schöningh Winklers GmbH, Braunschweig 2007, ISBN 978-3-14-163024-4

Ein Unterrichtsinhalt kann mit verschiedenen Methoden aufbereitet und erarbeitet werden!

Ein Unterrichtsinhalt, z. B. das fassettenreiche Leben des Igels,

kann mit **unterschiedlichen** Methoden –

wie dem Lernspaziergang, einer STEX oder dem Häuptling Schleichohr –

erschlossen werden.

Unterschiedlichen Menschen liegen unterschiedliche Methoden!

So unterschiedlich die Menschen sind,

so unterschiedlich sind auch die Vorlieben

für bestimmte Methoden.

Deshalb kann es sein, dass eine Lehrkraft andere Methoden

zur Gestaltung ihres Unterrichts verwendet als eine andere Lehrkraft.

Interessant ist jedoch der Gedanke,

sich als Kollegium auf ein Methodencurriculum zu einigen, das festlegt,

welche Methoden in welchen Jahrgangsstufen eingeführt werden.

westermann®

Methoden dürfen verändert werden!

Die vorgeschlagenen Hinweise zum Aufbau und
zur Durchführung einer Methode
dienen als Geländer
und erste Aufmerksamkeitsrichtung.

Bezogen auf persönliche Vorlieben und den individuellen Stand der Klasse
sind den Variationsmöglichkeiten und dem Ideenreichtum des Lehrenden
bezüglich der Veränderung und Abwandlung der Methoden keine Grenzen gesetzt.

So lassen sich z. B. einzelne Elemente von verschiedenen
Methoden so miteinander verknüpfen, dass eine neue
Methode entsteht.

Lieber ein bis zwei Methoden, die die Kinder beherrschen, als im Unterricht ein Methodenfeuerwerk zu zelebrieren!

Methoden müssen eingeführt, reflektiert und trainiert werden.

Deshalb ist es sinnvoller, ein bis zwei Methoden pro Schuljahr einzuführen,
die tatsächlich immer wieder Verwendung finden,
als sich selbst als Lehrender und die Kinder als Lernende zu überfordern.

Interessant ist jedoch der Gedanke,
sich als Kollegium auf ein Methodencurriculum zu einigen, das festlegt,
welche Methoden in welchen Jahrgangsstufen eingeführt werden.

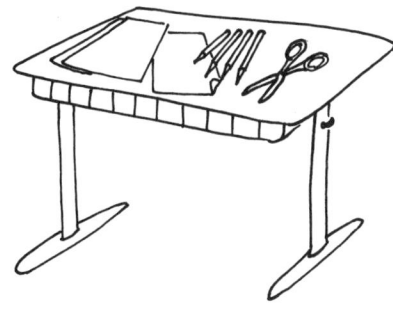

© Bildungshaus Schulbuchverlage Westermann Schroedel Diesterweg Schöningh Winklers GmbH, Braunschweig 2007, ISBN 978-3-14-163024-4

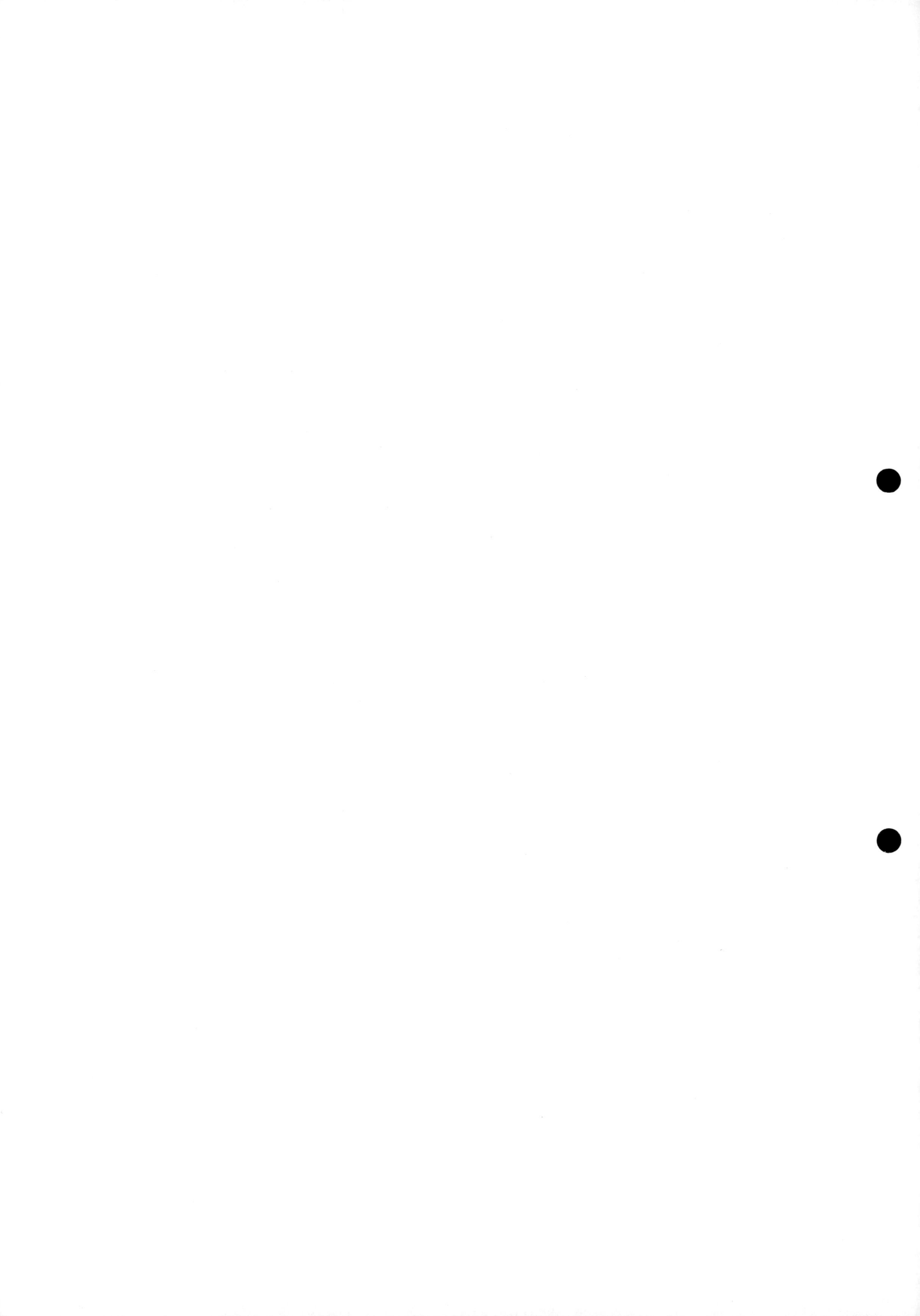

Übersicht über die Methoden

3

Folgende Methoden werden auf den nächsten Seiten vorgestellt und anhand von Beispielen näher erläutert:

• Basar
• Ideenrotation
• Kugellager
• Schreibgarten
• STEX
• Think Pair Share
• Häuptling Schleichohr
• 4 aus 16
• Das unterschreibe ich
• Galerie
• Blitzlicht

Bei der Auswahl der Methoden wurde vor allem auch darauf geachtet, dass sie problemlos von Grundschulkindern umgesetzt und auf viele Fächer und Themen bzw. unterschiedliche Phasen des Unterrichts angewendet werden können.

Nach einer kurzen Darstellung der Intention und Durchführung folgen Ideen zur Weiterarbeit, Einsatzmöglichkeiten in verschiedenen Fächern und Unterrichtsphasen, sowie Vorschläge zu Variationen und Angaben zum benötigten Material.

Praktische Tipps und Tricks zu jeder Methode und konkrete Beispiele zur Durchführung geben wertvolle Hinweise für den Unterricht und zeigen wie die Materialien und Kopiervorlagen von den Kindern bearbeitet werden können.

André erklärt Victoria bei der Methode „Think Pair Share" die von ihm gefundene Lösung, bevor die beiden in die Gruppenarbeit gehen.

Basar

= einfacher Meinungsaustausch in der Gesamtgruppe

Intention

- Meinungsaustausch in der Gruppe ermöglichen
- Klären/Sammeln offener Fragen
- Rhythmisierung des Unterrichts
- Konstruktives Nachdenken oder Erörtern einer Idee/eines Problems
- ...

Durchführung

Schritt 1: Benennen des Themas.

Die Lernenden erhalten Informationen,

über welches Thema gesprochen wird.

Schritt 2: Ausgabe von Kärtchen.

Jeder Lernende erhält für ein gezielteres Gespräch ein Kärtchen

mit einem Gesprächs- oder Aufgabenimpuls.

Schritt 3: Austausch mit dem Partner

Die Lernenden gehen im Klassenzimmer umher und treffen sich

in der Partnergruppe und stellen sich gegenseitig ihre Fragen

bzw. tauschen ihre Meinungen aus.

Schritt 4: Wechseln der Gesprächspartner

Nachdem die Fragen gestellt und beantwortet bzw. die Meinungen ausgetauscht

wurden, treffen sich die Lernenden mit neuen Gesprächspartnern.

© Bildungshaus Schulbuchverlage Westermann Schroedel Diesterweg Schöningh Winklers GmbH, Braunschweig 2007, ISBN 978-3-14-163024-4

© Bildungshaus Schulbuchverlage Westermann Schroedel Diesterweg Schöningh Winklers GmbH, Braunschweig 2007, ISBN 978-3-14-163024-4

Mögliche Formen der Weiterarbeit

- Aussprache in der Klasse/im Sitzkreis, z. B. durch Leitfragen gesteuert
- Weiterarbeit an dem Thema
- Erarbeitung des Themas
- Diskutieren/Auswerten der Ideen/Gedanken
  → mögliche Konsens-/Entscheidungsfindung
- Bilden von Interessengruppen mit Hilfe der Ideen
- Feststellen von Unterschieden und Gemeinsamkeiten in der Klasse
- Blitzlicht 1 (→ Seite 92): Die Lehrkraft gibt einen Satzanfang vor:
  „Bei der Methode Basar hat mir gefallen, dass ..." (vgl. auch → KV 89)
- Blitzlicht 2: „Damit die Methode Basar besonders gut klappt, empfehle ich ..." (vgl. auch → KV 90)
- ...

Einsatzmöglichkeiten dieser Methode

- Ist-Stand → Erfassung von Vorwissen
- Sicherung oder Wiederholung von Gelerntem, Anknüpfung an Gelerntes
- Brainstorming, Sammeln von Ideen
- Deutsch/Lesen und mit Literatur umgehen: Im Anschluss an einen Lesetext Fragen beantworten oder selbst Fragen finden, die im Basar von anderen beantwortet werden
- Sachunterricht: Notieren von offenen Fragen zu einem Thema; im Basar hilft die Gruppe Erklärungsansätze zu finden
- Mathematik: Kopfrechenphase (vgl. KV 11)
- Fremdsprachen: Sicherung von Wortmaterial
- Deutsch/Richtig schreiben: Benennen der Schreibweise und Rechtschreibstrategie auf Grund des gehörten oder gelesenen Wortes
- Erstunterricht: Arbeit mit Bildsymbolen
- Deutsch/Sprache untersuchen: Benennen der Wortarten, Finden von Satzstrukturen, Benennen der vier Fälle in einem Satz
- Konstruktive Lösung von Konflikten, z. B. in der Klasse
- Planung und Organisation von Vorhaben und Projekten
- Deutsch/Texte verfassen: Überarbeiten von Texten
- ...

Variationsmöglichkeiten dieser Methode

- Wechsel des Gesprächspartners nach einem bestimmten Signal
- Wechsel des Gesprächspartners nach einer bestimmten Zeit
- nur Antworten vorgeben und Fragen finden lassen
- provozierende Aussagen verwenden
- weitere Schreibzeilen zum Notieren von Begründungen oder Anmerkungen auf der Basarkarte
- die Lernenden Basarkarten erstellen lassen

Benötigtes Material

- für jedes Kind ein Aufgabenkärtchen
- …

Tipps und Tricks

- Bei der Einführung der Methode den Begriff „Basar" erklären und die Bildebene auf den weiteren Verlauf übertragen („Im weiteren Verlauf sollst du nun verschiedene Verkaufsgespräche führen. Höre gut zu. Vielleicht ist etwas dabei, das dich überzeugt. Versuche auch, dein Beispiel gut zu verkaufen, indem du deine Meinung begründest oder Vorteile aufzeigst.")
- Es fällt den Kindern leichter auf dem Basar Meinungen auszutauschen, wenn sie (vorher selbst erstellte) Kärtchen/Notizen als Gesprächshilfe zur Hand haben.
- Das Thema klar und griffig formulieren. Möglicherweise Sprechreihen für das Gespräch anbieten (z. B. „Gut finde ich, dass …", „Problematisch wird es, wenn …", „Ich bin (nicht) der Meinung, dass …").
- Um mehr Abwechslung in die Gesprächsphasen zu bringen, können die Lernenden ihre Kärtchen nach dem Fragen und Beantworten tauschen.

© Bildungshaus Schulbuchverlage Westermann Schroedel Diesterweg Schöningh Winklers GmbH, Braunschweig 2007, ISBN 978-3-14-163024-4

Kopiervorlage 9: Basar – Beispiel

Planung und Durchführung am Beispiel „Benimm ist in!"

Vorschlag für den Einsatz der KV 10 „Benimm ist in!"
im Rahmen der Anknüpfungsphase

1. Schritt: Benennen des Themas

Der Lehrende benennt das Thema und die Organisation des Basars:

Jedes Kind erhält ein Kärtchen zum Thema „Benimm ist in!"

und bewegt sich im Klassenzimmer.

Trifft es auf ein anderes Kind, stellen sich die beiden Kinder gegenseitig

die Fragen auf ihren Kärtchen. Anschließend werden die Kärtchen

getauscht, und die Kinder suchen sich neue Gesprächspartner.

2. Ausgabe der Kärtchen

Für ein mehr gelenktes Gespräch erhält jedes Kind ein Kärtchen

zum Thema „Benimm ist in!" (KV 10) mit einem Gesprächsimpuls.

3. Austausch mit dem Partner

Die Kinder gehen im Klassenzimmer umher, treffen sich in der Partner-

gruppe und stellen sich gegenseitig ihre Fragen bzw. tauschen ihre

Meinungen aus.

4. Schritt: Wechsel der Gesprächspartner

Nachdem die Fragen gestellt und beantwortet bzw. die Meinungen

ausgetauscht wurden, treffen sich die Kinder mit neuen Gesprächspartnern.

© Bildungshaus Schulbuchverlage Westermann Schroedel Diesterweg Schöningh Winklers GmbH, Braunschweig 2007, ISBN 978-3-14-163024-4

Kopiervorlage 10: Basar – Themenkärtchen

Benimm ist in!

1. **Wohin siehst du beim Grüßen?**
a Auf meine Schuhe
b In die Luft
c Dem anderen in die Augen

Benimm ist in!

5. **Der Bus kommt an der Haltestelle an.**
a Ich warte, bis die anderen Leute ausgestiegen sind.
b Nur wer als erstes einsteigt, bekommt den besten Platz.
c Ich schreie schon mal den Fahrer an, dass ich eine Fahrkarte brauche.

Benimm ist in!

2. **Dein Essen kommt und du hast noch einen Bonbon im Mund. Wohin damit?**
a Ich klebe ihn unter den Tisch – für später.
b Ich wickle ihn unbemerkt in ein Papier.
c Ich spucke ihn auf den Tisch.

Benimm ist in!

6. **Im Kino musst du auf die Toilette. Was machst du?**
a Ich klettere über Sitze, so störe ich nicht.
b Ich zwänge mich mit dem Gesicht zur Leinwand durch. Schließlich will ich nichts vom Film verpassen.
c Ich gehe vorsichtig mit dem Gesicht zu den Sitzenden durch die Reihe.

Benimm ist in!

3. **Beim Pausenverkauf ist eine Schlange.**
a Zeit ist Geld – ich drängle vor.
b Ich stelle mich hinten an.
c Ich täusche eine Verletzung vor und mogele mich zur Verkäuferin durch.

Benimm ist in!

7. **Ein anderes Kind blutet.**
a Ich frage, ob ich – falls es stirbt – seine Playmobil-sammlung haben kann.
b Ich beruhige das Kind und hole Hilfe.
c Wunden trocknen am besten an der Luft. Ich mache gar nichts.

Benimm ist in!

4. **Wie meldest du dich richtig am Telefon?**
a Mit „Hallo" und „Jawoll"
b Mit meinem Nachnamen
c Mit meinem Vor- und Nachnamen

Benimm ist in!

8. **Ein Mitschüler hat eine schlechte Note.**
a Ich erzähle ihm von meiner guten Note.
b Ich schimpfe auf den Lehrer.
c Ich tröste ihn.

© Bildungshaus Schulbuchverlage Westermann Schroedel Diesterweg Schöningh Winklers GmbH, Braunschweig 2007, ISBN 978-3-14-163024-4

Kopiervorlage 11: Basar – Kopfrechenaufgaben

© Bildungshaus Schulbuchverlage Westermann Schroedel Diesterweg Schöningh Winklers GmbH, Braunschweig 2007, ISBN 978-3-14-163024-4

42 : 7	7 · 7	56 : 7	4 · 6	81 : 9
3 · 7	15 : 5	8 · 2	72 : 9	5 · 9
49 : 7	9 · 5	25 : 5	2 · 8	12 : 3
9 · 0	12 : 4	3 · 6	36 : 6	7 · 4
48 : 8	8 · 4	45 : 9	5 · 7	21 : 7
2 · 2	18 : 6	7 · 6	30 : 5	8 · 8

Kärtchen können zu Beginn der Mathestunde als Kopfrechenaufgaben eingesetzt werden.

1. Auf diesem Amt, kannst du deinen Führerschein abholen.	2. Auf diesem Amt kannst du deinen Kinderausweis beantragen.
3. Auf diesem Amt müssen die Erwachsenen ihre Lohnsteuerkarte abgeben.	4. Auf diesem Amt musst du einen Antrag stellen, wenn du in Rente gehst.
5. Auf diesem Amt wird das Geld verwaltet.	6. Dieses Amt beschreibt alle Gebäude und Grundstücke.
7. Dieses Amt sorgt dafür, dass die Rechnungen der Schule bezahlt werden.	8. Auf diesem Amt bekommen deine Eltern deine Geburtsurkunde.
9. Wenn du heiratest, bekommst du hier deine Heiratsurkunde.	10. Die Homepage der Gemeinde/Stadt wird hier verwaltet.
11. Dieses Amt ist für die Partnerstadt zuständig.	12. Das Kinderprogramm wird hier entworfen.

© Bildungshaus Schulbuchverlage Westermann Schroedel Diesterweg Schöningh Winklers GmbH, Braunschweig 2007, ISBN 978-3-14-163024-4

westermann®

© Bildungshaus Schulbuchverlage Westermann Schroedel Diesterweg Schöningh Winklers GmbH, Braunschweig 2007, ISBN 978-3-14-163024-4

Ideenrotation

= Sammeln und Optimieren von Ideen und Gedanken

Intention

- Sammeln von Ideen
- Optimieren von Gedanken und Anregungen
- Einbeziehen anderer
- Meinungsaustausch in der Gruppe
- Konstruktives Nachdenken oder Erörtern einer Idee/eines Problems
- ...

Durchführung

Schritt 1: Aufschreiben von Ideen/Gedanken in Einzelarbeit
am Gruppentisch
Jeder Lernende notiert jeweils eine Idee/seinen Beitrag
zu einem Thema in der dafür vorgesehenen Spalte.

Schritt 2: Weitergeben des Blattes im Uhrzeigersinn
Jeder Lernende erhält von seinem Nachbarn ein Blatt,
auf dem bereits Ideen/Gedanken stehen.

Schritt 3: Notieren von Ideen/Gedanken auf dem erhaltenen Blatt des Partners
Jeder Lernende notiert auf dem Blatt des Nachbarn seine eigenen Ideen neben denen,
die dort bereits stehen.

Schritt 4: Weitergeben des Blattes im Uhrzeigersinn
Das jeweilige Blatt wird so lange im Uhrzeigersinn weitergegeben,
bis jedes Kind wieder sein Ausgangsblatt vorliegen hat.

© Bildungshaus Schulbuchverlage Westermann Schroedel Diesterweg Schöningh Winklers GmbH, Braunschweig 2007, ISBN 978-3-14-163024-4

Mögliche Formen der Weiterarbeit

- Diskutieren/Auswerten der Ideen/Gedanken für eine Konsens- oder Entscheidungsfindung
- Einigung auf sechs Ideen pro Gruppe (Filterverfahren)
- Bilden von Interessengruppen mit Hilfe der Ideen
- Galeriepräsentation
- Feststellen von Unterschieden und Gemeinsamkeiten in der Klasse
- Blitzlicht 1 (→ Seite 92): Die Lehrkraft gibt einen Satzanfang vor: „Bei der Methode Ideenrotation hat mir gefallen, dass …" (vgl. auch → KV 89)
- Blitzlicht 2: „Damit die Methode Ideenrotation besonders gut klappt, empfehle ich …" (vgl. auch → KV 90)
- …

Einsatzmöglichkeiten dieser Methode

- Brainstorming, Sammeln von Ideen, z. B. zum Thema „So kann man Strom sparen"
- konstruktive Lösung von Konflikten, z. B. bei Streit in der Pause
- Beiträge zu Schulfesten, Artikel für die Klassenzeitung
- Planung und Organisation von Vorhaben, Ausflügen oder Projekten
- Sport: Spiele, z. B. Aufwärmen mit dem Ball
- Kunst: zu einem Bild überlegen, wie es künstlerisch umgesetzt oder nachgestaltet werden kann
- Deutsch/Sprache untersuchen: Bilden und Sammeln von Wortfeldern (z. B. sagen oder gehen) und Wortfamilien (z. B. fahren)
- Deutsch/Texte verfassen: Überarbeiten von Texten, z. B. Bildergeschichten oder Vorgangsbeschreibungen
- Musik: Verklanglichen oder szenisches Gestalten von Gedichten/ Geschichten, z. B. „Feuer" von James Krüss
- …

© Bildungshaus Schulbuchverlage Westermann Schroedel Diesterweg Schöningh Winklers GmbH, Braunschweig 2007, ISBN 978-3-14-163024-4

Variationsmöglichkeiten dieser Methode

- Klasse als Gesamtgruppe: Die Blätter auf den Tischen auslegen lassen (z. B. Wortfeld sagen → KV 18 oder Wortmaterial zu einem Bildimpuls → KV 19)
- freies Umhergehen und Notieren von Ideen/Gedanken (→ „Schreibgalerie")
- provozierende Aussagen verwenden
- weitere Schreibzeilen zum Notieren von Begründungen oder Anmerkungen
- Lernende ein Thesenblatt erstellen lassen

Benötigtes Material

- Arbeitsblatt (z. B. KV 17)
- Stifte

Tipps und Tricks

- Die Lernenden können ihre Gedanken während der Einzelarbeit auch auf dem Schreibblock notieren. Dann wird der Schreibblock weitergegeben.
- Je mehr Spalten auf dem Arbeitsblatt angelegt werden, desto mehr Einzelideen können eingetragen werden.
- Möchte man, dass sich die Lernenden auf einzelne Schwerpunkte/ Ideen festlegen, stellt man weniger Spalten auf dem Arbeitsblatt zur Verfügung.

Planung und Durchführung am Beispiel „Das können wir im Schullandheim machen"

Vorschlag für den Einsatz der KV 17 „Das können wir im Schullandheim machen" im Rahmen einer Unterrichtssequenz zum Thema „Schullandheimaufenthalt"

1. Schritt: Aufschreiben von Ideen/Gedanken in Einzelarbeit
Jeder Lernende notiert jeweils seine Idee/seinen Beitrag, was man im Schullandheim (in der Freizeit) machen könnte, in die dafür vorgesehene Spalte. Insgesamt muss man sich auf dem Blatt – auf Grund der Anordnung – auf sechs Vorschläge beschränken (Filterfunktion).

2. Weitergeben des Blattes im Uhrzeigersinn
Jeder Lernende erhält von seinem Nachbarn das mit Ideen/Gedanken bereits angereicherte Blatt.

3. Notieren von Ideen/Gedanken auf dem erhaltenen Blatt des Partners
Jeder Lernende notiert auf dem Blatt des Nachbarn seine eigenen Ideen/ Gedanken zu Freizeitaktivitäten neben denen, die dort bereits stehen.

4. Schritt: Weitergeben des Blattes im Uhrzeigersinn
Das jeweilige Blatt wird so lange im Uhrzeigersinn weitergegeben, bis jedes Kind sein Ausgangsblatt wieder vorliegen hat.

westermann®

Das können wir im Schullandheim in unserer Freizeit machen!

Meine Idee:	Meine Idee:
	25
Darauf müssen wir achten:	Darauf müssen wir achten:
Meine Idee:	Meine Idee:
Darauf müssen wir achten:	Darauf müssen wir achten:
Meine Idee:	Meine Idee:
Darauf müssen wir achten:	Darauf müssen wir achten:

© Bildungshaus Schulbuchverlage Westermann Schroedel Diesterweg Schöningh Winklers GmbH, Braunschweig 2007, ISBN 978-3-14-163024-4

Kopiervorlage 18: Ideenrotation – Wortfeld sagen

Wortfeld *sagen*

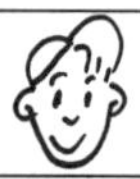

miteinander sprechen	antworten

Wortfeld *sagen*

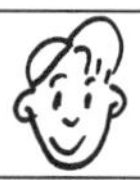

klagen	sich freuen

bekannt geben rufen schreien flüstern brummeln stammeln lispeln stottern raten tratschen erzählen feststellen behaupten erklären erläutern begründen befehlen widersprechen versichern schwören lügen übertreiben prahlen berichten bekennen erzählen schwatzen schwätzen daherreden sülzen sich erkundigen erfragen erwidern ausweichen nachfragen bitten anflehen befehlen vorschlagen empfehlen

Zu dem Impuls sammeln die Kinder Wortmaterial zum Verfassen eines Textes.

Kopiervorlage 19: Ideenrotation – Wortmaterial für Texte

Nomen / Namenwörter	Verben / Tu(n)wörter

Adjektive / Wiewörter	sonstige Wörter

Wörtliche Rede	Gedanken

Kugellager

= freies Sprechen/aktives Zuhören

Intention

- zu einem eng abgesteckten Thema mit einem Zufallspartner sprechen
- durch mehrfachen Partnerwechsel mehrere Meinungen zu einem Thema hören
- sprachliche Sicherheit und Selbstvertrauen gewinnen
- Einbringen von Thesen, Ideen, Provokationen etc. in eine Gruppe
- Austausch über ein Thema mit Argumenten, einer Diskussion und einer Konsensfindung
- Meinungs-/Gedankenaustausch zu einem Thema (mit Argumenten)
- „Schutz des Kreises" für die Sprechenden (im Gegensatz zum Sprechen im Plenum)
- ...

Durchführung

Vorbereitungen:

- Den Kindern wird ein Gesprächanlass angeboten, zu dem sie später erzählen (z. B. ein Lesetext → KV 24 und 25)
- Die Klasse wird halbiert. Die eine Hälfte bildet einen Außenkreis, die andere Hälfte einen Innenkreis, sodass sie sich paarweise gegenüberstehen bzw. -sitzen.

Schritt 1: Partnerarbeit 1

Jedes Kind im Innenkreis berichtet seinem Partner, der ihm gegenüber sitzt.
Das Kind im Außenkreis hört genau zu, versucht sich möglichst viel zu merken,
stellt eventuell Rückfragen und erzählt anschließend die gehörte Geschichte bzw.
wiederholt die genannten Informationen.

Schritt 2: Partnerarbeit 2

Nach Beendigung des Gesprächs rücken die Kinder im Innenkreis um zwei Plätze weiter,
sodass sich neue Gesprächspaare bilden. Nun berichten die Kinder im Außenkreis ihre
Geschichte.

© Bildungshaus Schulbuchverlage Westermann Schroedel Diesterweg Schöningh Winklers GmbH, Braunschweig 2007, ISBN 978-3-14-163024-4

© Bildungshaus Schulbuchverlage Westermann Schroedel Diesterweg Schöningh Winklers GmbH, Braunschweig 2007, ISBN 978-3-14-163024-4

Mögliche Formen der Weiterarbeit

- Zusammentragen und Präsentieren von Ergebnissen
- offene Diskussion
- Klärung offener Fragen
- …

Einsatzmöglichkeiten dieser Methode

- Ist-Stand → Erfassung von Vorwissen, z. B. „Was weißt du über …? oder „Was möchtest du über … wissen?"
- Gesamtwiederholung eines Themas, z. B. Partner im Innenkreis stellt Fragen, die der Partner im Außenkreis beantworten muss; anschließend wird gewechselt.
- konstruktives Nachdenken über eine Fragestellung
- Meinungsbildung, z. B. Klassenzimmerordnung
- Erzählen vom Wochenende/von den Ferien
- Mathematik: Kopfrechenphase/Rechenfertigkeitsübungen, z. B. zum Einmaleins
- Fremdsprachen: Redewendungen/Satzmuster anwenden
- Deutsch/Lesen: Leseröllchen, Rätsel, Übungen zur Lesefertigkeit
- Deutsch/Mündlicher Sprachgebrauch: Vorgangsbeschreibung geben, Spielregeln erläutern
- …

© Bildungshaus Schulbuchverlage Westermann Schroedel Diesterweg Schöningh Winklers GmbH, Braunschweig 2007, ISBN 978-3-14-163024-4

Variationsmöglichkeiten dieser Methode

- Die beiden Kreise erhalten unterschiedliche Aufgaben. In der ersten Partnerarbeit berichtet zuerst der Innenkreis, anschließend gleich die Partner aus dem Außenkreis. Erst dann wird gewechselt.
- Die Klasse wird in zwei Gruppen aufgeteilt, die jeweils ein eigenes Kugellager bilden.

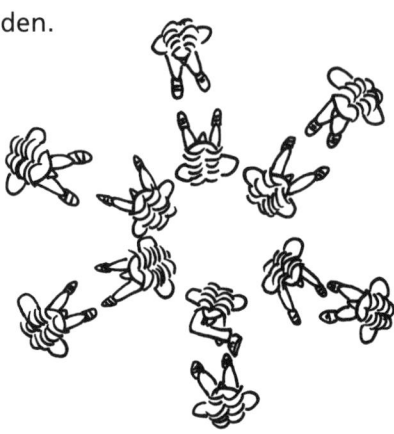

- Alternativ zum Kreis ist auch die Arbeit in einer „Gasse" denkbar.

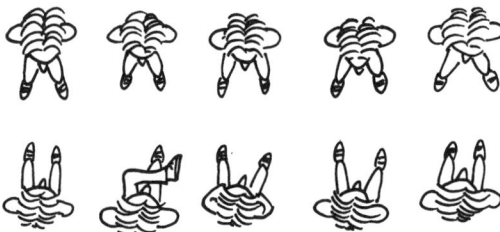

- Das Kugellager kann auch als Frage- und Antwortkreis genutzt werden.
- Je nach Aufgabenstellung kann die Arbeit mit oder ohne Rückfragen des Partners erfolgen.

Benötigtes Material

- abhängig vom Arbeitsauftrag
- ggf. Arbeitsblatt/Aufgabenkarte
- ...

Tipps und Tricks

- Bei der Einführung der Methode den Begriff „Kugellager" erklären und die Vorgehensweise darstellen. („Du sitzt einem Partner gegenüber. Höre ihm ganz genau zu und versuche dir zu merken, was er dir mitteilt. Anschließend sollst du ihm den Inhalt der gehörten Geschichte erzählen.")
- Das Kugellager als Stehkreis (oder ggf. Gasse) ist platzsparender.

© Bildungshaus Schulbuchverlage Westermann Schroedel Diesterweg Schöningh Winklers GmbH, Braunschweig 2007, ISBN 978-3-14-163024-4

Planung und Durchführung am Beispiel „Erzählen von Fabeln"

Vorschlag für den Einsatz der KV 24 und 25 „Erzählen von Fabeln"
im Rahmen der Erarbeitungsphase

Vorbereitungen:

- Die Klasse wird halbiert.
- Den Kindern wird ein Erzählanlass angeboten, zu dem sie später erzählen
  sollen (z. B. Lesetexte ➜ KV 24 und 25).
- Die eine Hälfte der Kinder bildet einen Außenkreis, die andere Hälfte
  einen Innenkreis, sodass sich die Kinder paarweise gegenüberstehen
  bzw. -sitzen.

1. Schritt: Partnerarbeit 1

Die Kinder im Innenkreis berichten ihrem Gegenüber. Die Kinder des
Außenkreises hören zu, merken sich möglichst viel, stellen ggf. Rückfragen
und erzählen dann die gehörte Geschichte.

2. Schritt: Partnerarbeit 2

Nach Beendigung des Gesprächs rücken die Kinder im Innenkreis um zwei
Plätze weiter, sodass sich neue Gesprächspaare bilden. Nun berichten
die Kinder im Außenkreis ihre Geschichte.

3. Schritt: Zusammenführung

Der Fuchs und der Ziegenbock

1   Ein Fuchs fiel in einen tiefen Brunnen und konnte sich nicht heraushelfen.

2   Da kam ein durstiger Ziegenbock zum Brunnen, und als der den Fuchs sah,

3   fragte er ihn: „Ist das Wasser gut?" Der Fuchs verschwieg, dass er in die Tiefe

4   hinabgestürzt war.

5   Er antwortete: „Das Wasser ist klar und schmeckt gut; komm nur auch herab!"

6   Das tat der Bock und als er seinen Durst und gelöscht hatte, fragte er:

7   „Wie aber können wir wieder herauskommen?"

8   Der Fuchs entgegnete: „Dafür will ich schon sorgen. Du stellst dich

9   auf die Hinterbeine, stemmst die Vorderbeine gegen die Wand

10   und streckst deinen Hals aus. Dann werde ich über deinen Rücken

11   und deine Hörner hinaufklettern und dir auch heraushelfen!"

12   Der Ziegenbock tat, was der Fuchs geraten hatte, und sogleich sprang dieser

13   über ihn hinweg und mit einem kräftigen Satz auf den Brunnenrand.

14   Dort tanzte er voll Freude über

15   seine Befreiung und verspottete den Bock.

16   Dieser schalt ihn vertragsbrüchig;

17   der Fuchs aber sagte:

18   „Wenn du in deinem Kopf so viele

19   Gedanken hättest wie Haare

20   in deinem Bart, so wärst du

21   nicht da hinunter gestiegen,

22   ohne zu bedenken,

23   wie du wieder herauskommst."

© Bildungshaus Schulbuchverlage Westermann Schroedel Diesterweg Schöningh Winklers GmbH, Braunschweig 2007, ISBN 978-3-14-163024-4

Arbeitsauftrag

1. Lies dir die Geschichte genau durch.

2. Unterstreiche wichtige Inhalte, die du weitergeben möchtest.

3. Erzähle deinem Partner die Geschichte.

4. Der Partner hört dir genau zu. Am Ende darf er Rückfragen stellen.

5. Nun erzählt dein Partner dir deine Geschichte.

Der Löwe und der Fuchs

1   Ein alter Löwe fühlte sich nicht mehr kräftig genug für die Jagd

2   und stellte sich krank. Er legte sich in eine Höhle und tat recht schwach

3   und jämmerlich.

4   Da kamen die Tiere zu ihm auf Besuch. Sie waren neugierig

5   und wollten ihn sterben sehen. Doch kaum waren sie in der Höhle,

6   ergriff sie der Löwe und fraß sie.

7   So hatten schon viele ihren Tod gefunden.

8   Nach einiger Zeit kam auch der Fuchs, um den Löwen zu besuchen.

9   Er schlich aber nur um die Höhle herum und ging nicht hinein.

10   Endlich fragte er den Kranken: „Wie geht es dir, Löwe?" –

11   „Schlecht", gab dieser zur Antwort.

12   „Warum kommst du denn nicht herein zu mir?"

13   Da erwiderte der Fuchs: „Ich warte, bis dich die anderen Tiere

14   wieder verlassen. Ich sehe nämlich sehr viele Fußstapfen hineingehen,

15   aber nur wenige herauskommen."

Arbeitsauftrag

1. Lies dir die Geschichte genau durch.

2. Unterstreiche wichtige Inhalte, die du weitergeben möchtest.

3. Erzähle deinem Partner die Geschichte.

4. Der Partner hört dir genau zu. Am Ende darf er Rückfragen stellen.

5. Nun erzählt dein Partner dir deine Geschichte.

© Bildungshaus Schulbuchverlage Westermann Schroedel Diesterweg Schöningh Winklers GmbH, Braunschweig 2007, ISBN 978-3-14-163024-4

Schreibgarten

= Sammeln von Ideen und Gedanken/Filterverfahren

Intention

- Meinungs- und Gedankenaustausch zu einem Thema (mit Argumenten)
- Einbringen von Ansichten, Ideen, Herausforderungen u. Ä. in eine Gruppe
- konstruktive Gedanken zu einer Idee und deren Umsetzung oder zu einem Problem und dessen Lösung
- Finden eines gemeinsamen Nenners oder Erheben eines Meinungsbildes
- ...

Durchführung

Schritt 1: Einzelarbeit in der Gruppe
Jedes Kind notiert für sich in seinem Feld zu einem bestimmten Thema
Ideen, Gedanken oder Antworten.

Schritt 2: Präsentation der Einzelergebnisse in der Gruppe
Jedes Kind präsentiert den anderen Gruppenmitgliedern sein Ergebnis.

Schritt 3: Einigen auf ein gemeinsames Ergebnis
Die Gruppe einigt sich auf ein gemeinsames Ergebnis,
das im mittleren Feld im Zentrum des Blattes notiert wird.

© Bildungshaus Schulbuchverlage Westermann Schroedel Diesterweg Schöningh Winklers GmbH, Braunschweig 2007, ISBN 978-3-14-163024-4

© Bildungshaus Schulbuchverlage Westermann Schroedel Diesterweg Schöningh Winklers GmbH, Braunschweig 2007, ISBN 978-3-14-163024-4

Mögliche Formen der Weiterarbeit

- Präsentation an der Tafel
- Präsentation als Galerie (→ Seite 86)
- Diskussion der gefilterten Meinungen in der Gesamtgruppe
- Konsensbildung in der Klasse (eine/mehrere Aussagen)
- Feststellen von Unterschieden und Gemeinsamkeiten in der Klasse
- Bilden von Interessengruppen mit Hilfe der Ideen
- Blitzlicht 1 (→ Seite 92): Lehrkraft gibt einen Satzanfang vor:
  Bei der Methode „Schreibgarten" hat mir gefallen, dass ..."
  (vgl. auch → KV 89)
- Blitzlicht 2 (→ Seite 93): „Damit die Methode „Schreibgarten"
  besonders gut klappt, empfehle ich ..." (vgl. auch → KV 90)
- ...

Einsatzmöglichkeiten dieser Methode

- Brainstorming, Sammeln von Ideen
- Sachunterricht: Beginn eines neuen Themas, z. B. Was ist in? Was ist out?
  oder „Beim Thema XXX interessiert mich besonders ..."
- Werteerziehung/sozialkundliche Themen: Regelfindung und
  -vereinbarung
- Deutsch/Lesen: Text inhaltlich überarbeiten
- Mathematik/Rechenkonferenz: Lösungsvorschläge zuordnen,
  passende Fragestellungen bzw. Aufgaben zu Sachaufgaben finden,
  Strategien vergleichen
- Kunst: zu einem Bild überlegen, wie es künstlerisch umgesetzt
  bzw. nachgestaltet
- Deutsch/Sprache untersuchen: Bilden und Sammeln von Wortfeldern
  bzw. Wortfamilien
- Deutsch/Texte verfassen:
  Gruppengeschichten,
  Stichpunkte sammeln,
  Texte überarbeiten
- ...

© Bildungshaus Schulbuchverlage Westermann Schroedel Diesterweg Schöningh Winklers GmbH, Braunschweig 2007, ISBN 978-3-14-163024-4

Variationsmöglichkeiten dieser Methode

- Die Lernenden malen, anstatt zu schreiben. Es entsteht ein „Malgarten".
- Die Vorlage des Schreibgitters dient als Zusammenführung einer arbeitsteiligen Gruppenarbeit: Jeder bearbeitet ein Teilgebiet, das er auf seinem Feld zusammenfasst. Am Ende werden die einzelnen Teilergebnisse in der Kleingruppe zusammengesetzt.
- Die Vorlage des Schreibgitters wird auf den Tischen ausgelegt. Die Kinder können frei umhergehen und ihre Ideen/Gedanken notieren (→ Galerie).
- Felder für zwei, fünf oder sechs Teilnehmer erstellen.
- Weitere Schreibzeilen zum Notieren von Begründungen oder Anmerkungen ergänzen.
- In der Klasse einen Schreibgarten zu einem eigenen Thema erarbeiten lassen.

Benötigtes Material

- Schreibgarten (→ KV 30)
- Stifte
- ...

Tipps und Tricks

- Für eine leichtere Bearbeitung die einzelnen Felder ausschneiden lassen.
- Die Lernenden können ihre Gedanken während der Einzelarbeit auch auf einem Schreibblock notieren. Die Gruppe erhält zur Zusammenführung ein gemeinsames Blatt, auf dem das Gruppenergebnis notiert wird.
- Je mehr Felder man auf dem Arbeitsblatt anlegt, desto mehr Personen können sich beteiligen.
- Man kann das Feld für die Einzelarbeit unterteilen, und damit die Anzahl der Ideen auf die vorgegebenen Felder begrenzen.

Planung und Durchführung am Beispiel „Zeichnungen helfen, Sachaufgaben zu lösen"

Vorschlag für den Einsatz der KV 30
„Zeichnungen helfen, Sachaufgaben zu lösen"
im Rahmen der Erarbeitungsphase.

1. Schritt: Einzelarbeit in der Gruppe
Jedes Kind zeichnet für sich in seinem Feld eine Lösungshilfe
zu der gestellten Sachaufgabe.

2. Schritt: Präsentation der Einzelergebnisse in der Gruppe
Jedes Kind präsentiert den anderen Gruppenmitgliedern
seine Zeichnung.

3. Schritt: Einigen auf ein gemeinsames Ergebnis
Die Gruppe einigt sich auf eine gemeinsame Zeichnung als Gruppenergebnis,
die im mittleren Feld notiert wird.

© Bildungshaus Schulbuchverlage Westermann Schroedel Diesterweg Schöningh Winklers GmbH, Braunschweig 2007, ISBN 978-3-14-163024-4

© Bildungshaus Schulbuchverlage Westermann Schroedel Diesterweg Schöningh Winklers GmbH, Braunschweig 2007, ISBN 978-3-14-163024-4

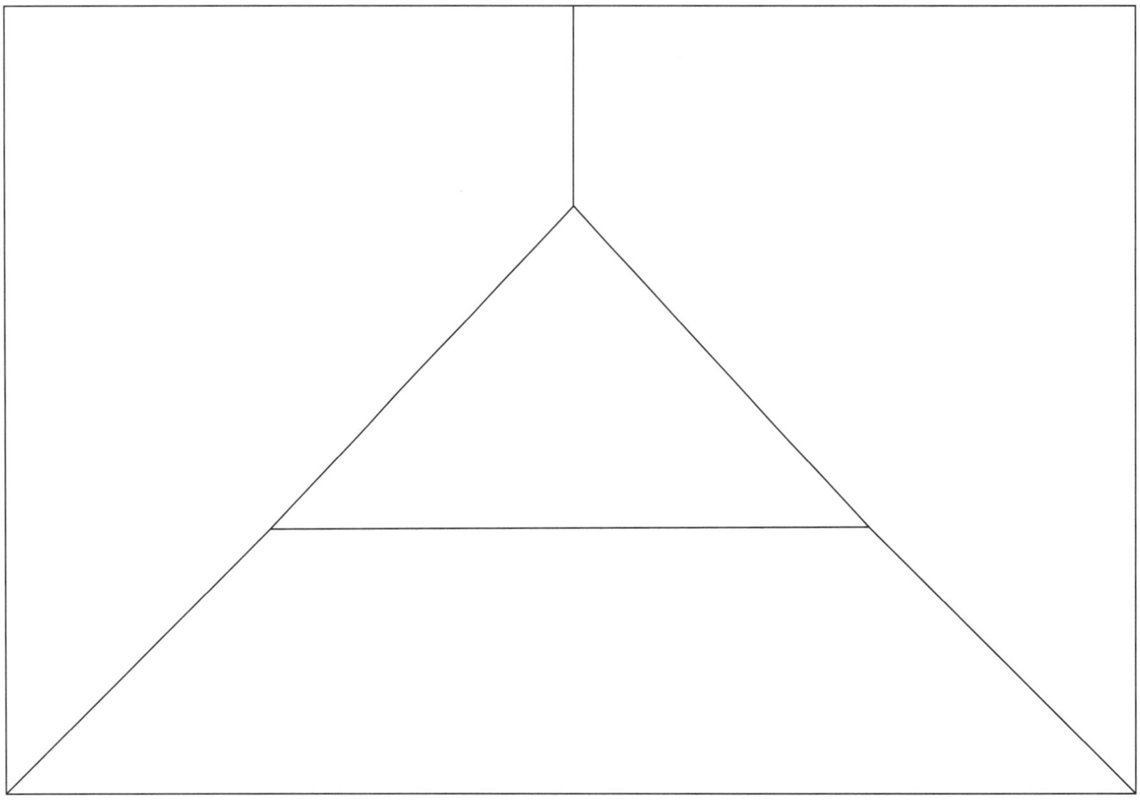

Vorlage für drei Teilnehmer

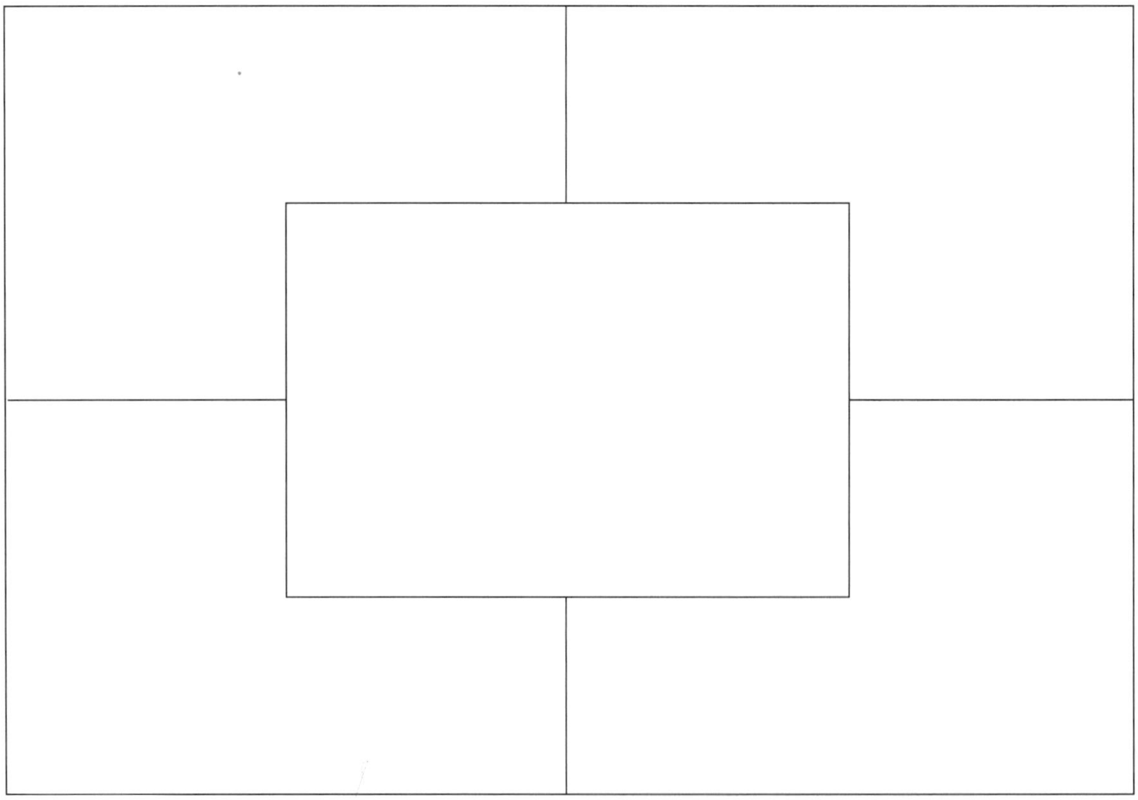

Vorlage für vier Teilnehmer

westermann®

Kopiervorlage 31: Schreibgarten – Sachrechnen

Simone verlässt um 7.15 Uhr das Haus. Sie läuft 10 Minuten zur Schulbushaltestelle. Nach 2 Minuten Wartezeit kommt der Bus. Der Bus fährt 13 Minuten zur Schule. Dann sind es noch 4 Minuten bis ins Klassenzimmer. Wie lange ist Simone unterwegs?

Simone verlässt um 7.15 Uhr das Haus. Sie läuft 10 Minuten zur Schulbushaltestelle. Nach 2 Minuten Wartezeit kommt der Bus. Der Bus fährt 13 Minuten zur Schule. Dann sind es noch 4 Minuten bis ins Klassenzimmer. Wie lange ist Simone unterwegs?

Simone verlässt um 7.15 Uhr das Haus. Sie läuft 10 Minuten zur Schulbushaltestelle. Nach 2 Minuten Wartezeit kommt der Bus. Der Bus fährt 13 Minuten zur Schule. Dann sind es noch 4 Minuten bis ins Klassenzimmer. Wie lange ist Simone unterwegs?

Simone verlässt um 7.15 Uhr das Haus. Sie läuft 10 Minuten zur Schulbushaltestelle. Nach 2 Minuten Wartezeit kommt der Bus. Der Bus fährt 13 Minuten zur Schule. Dann sind es noch 4 Minuten bis ins Klassenzimmer. Wie lange ist Simone unterwegs?

Simone verlässt um 7.15 Uhr das Haus. Sie läuft 10 Minuten zur Schulbushaltestelle. Nach 2 Minuten Wartezeit kommt der Bus. Der Bus fährt 13 Minuten zur Schule. Dann sind es noch 4 Minuten bis ins Klassenzimmer. Wie lange ist Simone unterwegs?

Diese Kopiervorlage auf DIN A3 vergrößern.

Daran erkenne ich
einen guten Freund:

Daran erkenne ich
einen guten Freund:

Daran erkenne ich einen guten Freund:

Daran erkenne ich
einen guten Freund:

Daran erkenne ich
einen guten Freund:

© Bildungshaus Schulbuchverlage Westermann Schroedel Diesterweg Schöningh Winklers GmbH, Braunschweig 2007, ISBN 978-3-14-163024-4

STEX

= **St**amm-**Ex**perten-Methode
 zur Erarbeitung von Unterrichtsinhalten

Intention

- Vorteil im Vergleich zur arbeitsteiligen Gruppenarbeit:
  Jedes Kind muss sich mit dem Inhalt auseinander setzen und
  die gewonnenen Ergebnisse an die anderen Kinder weitergeben.
- Differenzierung: Anspruchsniveau der einzelnen Aufgaben kann von
  Gruppe zu Gruppe unterschieden werden, außerdem kann sprachlich
  schwächeren Kindern für die Präsentation ein Partner an die Seite
  gestellt werden (Tandempartner).
- Erarbeitung von neuen differenziert angelegten Unterrichtsinhalten.
- Inhalte werden mit Hilfe von Bildern, Texten, Modellen u. Ä. erarbeitet.
- Aufarbeitung, Strukturierung, Üben oder Vertiefen von Unterrichts-
  inhalten.
- Schulung der Kommunikationsfähigkeit durch die Weitergabe
  von gewonnenen Informationen.
- ...

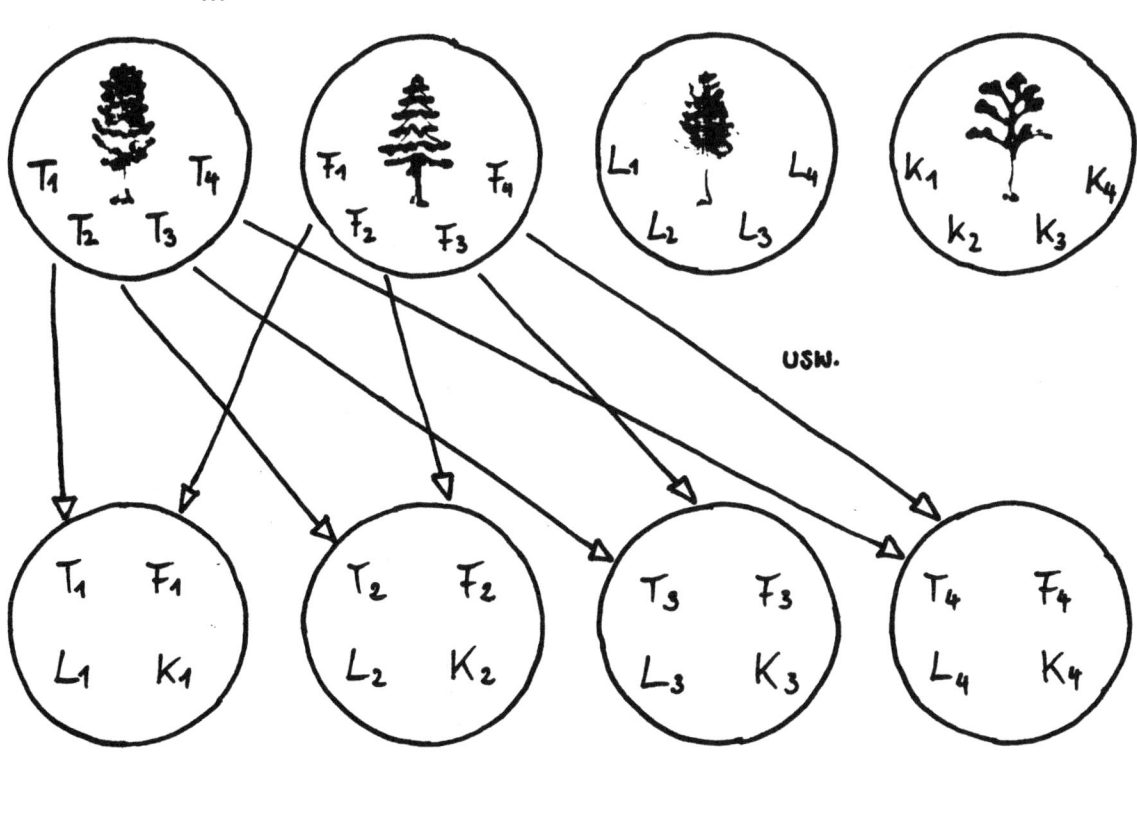

© Bildungshaus Schulbuchverlage Westermann Schroedel Diesterweg Schöningh Winklers GmbH, Braunschweig 2007, ISBN 978-3-14-163024-4

© Bildungshaus Schulbuchverlage Westermann Schroedel Diesterweg Schöningh Winklers GmbH, Braunschweig 2007, ISBN 978-3-14-163024-4

Durchführung

Vorbereitung: Die Klasse wird je nach Schülerzahl in ca. vier bis sechs Gruppen (= Stammgruppen) mit je ca. vier bis fünf Teilnehmern aufgeteilt.

Schritt 1: Einzelarbeit/Partnerarbeit

Jedes Kind einer Stammgruppe erhält die gleiche Aufgabe und versucht, diese allein oder mit dem Partner zu lösen.

Schritt 2: Stammgruppe

Alle Kinder mit der gleichen Aufgabe treffen sich in den Stammgruppen.

Schritt 3: Stammgruppe

In der Stammgruppe besprechen/vergleichen und ergänzen die Kinder ihre Ergebnisse. Die Kinder werden so zu Experten auf ihrem Gebiet.

Schritt 4: Expertengruppe/Expertenkonferenz

Ein Kind aus jeder Stammgruppe trifft sich nun mit Kindern in den Expertengruppen. Sie stellen ihr Ergebnis den anderen vor und geben so ihre erworbenen Kenntnisse („Expertenwissen") der Reihe nach weiter.

Mögliche Formen der Weiterarbeit

- Präsentation an der Tafel/im Klassenverband
- Präsentation als Galerie (→ Seite 86)
- Diskussion der Ergebnisse
- Kinder treffen sich in einer Interessengruppe und erstellen z. B. Plakate zu ihrem Thema

Einsatzmöglichkeiten dieser Methode

- Üben und Vertiefen des Unterrichtsstoffes/Gesamtwiederholung
- sozialkundliche Themen: Regelfindung und -vereinbarung
- Kunst: verschiedene Künstler vorstellen
- Musik: verschiedene Komponisten vorstellen
- Mathematik: Erarbeitung einer mathematischen Fragestellung
- Mathematik/Geometrie: geometrische Körper untersuchen
- Sachunterricht: Erarbeitung eines Themas, z. B. Umwelterziehung
- Sachunterricht: ein Tier (z. B. Fuchs, Igel, Dachs, Ameise) unter verschiedenen Gesichtspunkten betrachten (z. B. Nahrung, Nachkommen, Aussehen, Feinde, Lebensraum)

© Bildungshaus Schulbuchverlage Westermann Schroedel Diesterweg Schöningh Winklers GmbH, Braunschweig 2007, ISBN 978-3-14-163024-4

Variationsmöglichkeiten dieser Methode

- Differenzierung: Zwei Kinder arbeiten mit dem gleichen Teilbereich zusammen als Experten in einer Expertengruppe, sodass sie als Tandem ihre Ergebnisse vorstellen.
- Bei sehr großen Klassen ist es gut möglich, zunächst die Klasse zu halbieren und jeden Inhalt doppelt zu besetzen.
- In leistungsstarken Klassen erhält jedes Kind einen Ergebniszettel, auf dem es in Stichwörtern die wichtigsten Aspekte der jeweiligen Stammgruppe notiert.
- Jede Expertengruppe erstellt ein Plakat mit den Ergebnissen aus den jeweiligen Stammgruppen.

Benötigtes Material

- Aufgabenblatt mit Arbeitsauftrag für jedes Kind, sowie einen Steckbrief entsprechend seiner Stammgruppe (→ KV 37 und 39)
- ggf. Arbeitsauftrag für die Stammgruppe
- Textmarker und Lineal

Tipps und Tricks

- Unterrichtsstoff muss sich in Teilbereiche aufteilen lassen, die in annähernd gleicher Zeit bearbeitet werden können.
- Nach der Expertenrunde ist es manchmal sinnvoll, wenn die Kinder zurück in ihre Stammgruppe gehen und an ihrem Ergebnis weiterarbeiten (z. B. ein Plakat zu ihrem Thema erstellen).
- Für eine leistungsstarke Klasse ist es auch denkbar, dass die Kinder für die Expertenkonferenz ein „Mitschriftenblatt" erhalten, auf dem sie sich eigene Notizen zu den „Vorträgen" der anderen Experten machen können.

**Planung und Durchführung am Beispiel
„Wir unterscheiden verschiedene Körperformen"**

Vorschlag für den Einsatz der KV 37 „Wir unterscheiden verschiedene Körperformen" im Rahmen der Erarbeitungsphase

Vorbereitung:

Die Klasse wird in fünf Gruppen aufgeteilt, da fünf verschiedene Körperformen erarbeitet werden. Jedes Kind erhält einen Körper (z. B. Holzbaustein) und einen Arbeitsauftrag.

1. Schritt: Einzelarbeit

Jedes Kind untersucht seinen Körper bezüglich Ecken, Kanten, Flächen und Besonderheiten.

2. Schritt: Stammgruppe

Die Lernenden tauschen sich über ihr Ergebnis zum jeweiligen geometrischen Körper aus, vergleichen und ergänzen ggf. ihre Ergebnisse.

3. Schritt: Expertengruppe

Jedes Kind stellt nacheinander anhand seines Steckbriefes seinen Körper vor.

4. Schritt: Zusammenführung

Im Plenum werden die Ergebnisse noch einmal gesammelt, wobei darauf geachtet werden muss, dass nicht die „Experten" ihren Körper erklären, sondern die Kinder, denen der Körper vorgestellt wurde.

Alternative zu Schritt 4:

Die Kinder gehen nach der Expertenrunde zurück in ihre Stammgruppen und erstellen ein Plakat mit den Formeigenschaften ihres Körpers für eine anschließende Galeriepräsentation.

© Bildungshaus Schulbuchverlage Westermann Schroedel Diesterweg Schöningh Winklers GmbH, Braunschweig 2007, ISBN 978-3-14-163024-4

COPY

Körperformen

Name des Körpers: _____

Nimm deinen Körper genau unter die Lupe!

1. Zähle die Ecken des Körpers!   Mein Körper hat   _____ Ecken.

2. Zähle die Kanten des Körpers!   Mein Körper hat   _____ Kanten.

3. Zähle die Flächen des Körpers!   Mein Körper hat   _____ Flächen.

4. Schaue dir die Flächen genau an! Welche Formen haben sie?

_____

_____

5. Welcher Gegenstand ist diesem Körper in der Umwelt ähnlich?
   Überlege einen Namen für den Körper!

_____

_____

_____

_____

6. Zusatzaufgabe: Versuche deinen Körper zu zeichnen!

Planung und Durchführung am Beispiel „Wir unterscheiden Nadelbäume"

Vorschlag für den Einsatz der KVs 39 bis 41 „Wir unterscheiden Nadelbäume" im Rahmen der Erarbeitungsphase

Vorbereitung:

Die Klasse wird in fünf Gruppen aufgeteilt, da fünf verschiedene Bäume erarbeitet werden.

Jedes Kind erhält einen Informationstext zu seinem Baum, sowie einen Steckbrief. Zusätzlich erhält jede Gruppe einen Arbeitsauftrag sowie Bestimmungsbücher.

1. Schritt: Einzelarbeit

Jedes Kind versucht, für seinen Baum einen Steckbrief zu erstellen.

2. Schritt: Stammgruppe

Die Lernenden tauschen sich über ihr Ergebnis zum jeweiligen Baum aus, vergleichen und ergänzen ggf. ihre Steckbriefe.

3. Schritt: Expertengruppe

Jedes Kind stellt nacheinander anhand seines Steckbriefes seinen Baum vor.

4. Schritt: Zusammenführung

Im Plenum werden die Ergebnisse noch einmal gesammelt, wobei darauf geachtet werden muss, dass nicht die „Experten" ihren Baum vorstellen, sondern die Kinder, denen der Baum vorgestellt wurde.

Arbeitsschritte STEX

1. Löse deine Aufgabe allein.

2. Vergleicht eure Ergebnisse in der Stammgruppe.
   Wenn erforderlich, ergänzt oder berichtigt eure Lösungen.

3. Geht in eure Expertengruppen und stellt nacheinander eure Ergebnisse vor.

---

westermann®

Kopiervorlage 39: STEX – Nadelbäume 1

Steckbrief

Mein Nadelbaum

Name: _____

Alter: _____

Höhe: _____

Nadeln: _____

_____

Zapfen: _____

_____

Verwendung: _____

_____

Besonderheit: _____

_____

_____

Die Tanne

1 Tannenbäume können über 400 Jahre alt werden.

2 Sie werden bis zu 45 Meter hoch

3 und haben einen kräftigen, weißgrauen geraden Stamm.

4 Die Früchte der Tanne heißen Tannenzapfen

5 und stehen aufrecht auf den Zweigen.

6 Die Zapfen fallen nicht im Ganzen ab,

7 sondern nur die einzelnen Schuppen des Zapfens

8 fallen vom Baum.

9 Der Rest des Zapfens (= die Zapfenspindel) bleibt

10 an den Zweigen zurück.

11 Deshalb kannst keine Tannenzapfen

12 auf dem Waldboden finden.

13 Aus dem weichen Tannenholz macht man Möbel.

14 Die Nadeln der Tanne sind stumpf, flach

15 und haben an der Unterseite zwei Wachsstreifen.

Die Fichte

1 Fichten werden bis zu 300 Jahre alt.

2 Sie können bis zu 45 Meter hoch werden.

3 Die Fichte hat eine rötlich-braune schuppige Rinde.

4 Bei den Fichten hängen die Zapfen

5 an den Ästen nach unten.

6 Die Fichtennadeln sind spitz

7 und wachsen rund um die Zweige.

8 Die Fichte wächst sehr schnell.

9 Fichtenholz verwendet man zur Herstellung

10 von Papier und Möbeln, aber auch als Bauholz.

© Bildungshaus Schulbuchverlage Westermann Schroedel Diesterweg Schöningh Winklers GmbH, Braunschweig 2007, ISBN 978-3-14-163024-4

© Bildungshaus Schulbuchverlage Westermann Schroedel Diesterweg Schöningh Winklers GmbH, Braunschweig 2007, ISBN 978-3-14-163024-4

Die Lärche

1 Die Lärche ist der einzige Nadelbaum,

2 der im Herbst die Nadeln abwirft.

3 Die Nadeln sind weich, kurz und hellgrün.

4 Sie stehen in Büscheln.

5 Die kleinen Zapfen fallen erst

6 mit dem abgestorbenen Ast ab.

7 Die Lärche wird bis zu 40 Meter hoch

8 und kann 600 Jahre alt werden.

9 Der Stamm ist anfangs graubraun und glatt,

10 später hellbraun und zerfurcht.

11 Ursprünglich war die Lärche in den Alpen beheimatet,

12 heute wird sie vielfach als Zier- und Forstbaum verwendet.

13 Das Holz verwendet man zur Herstellung von Fußböden.

14 Aus den Nadeln gewinnt man ein Öl.

Die Kiefer

1 Die Kiefer wird auch Föhre genannt.

2 Sie wird bis zu 200 Jahre alt und 40 Meter hoch.

3 Die Nadeln sind spitz und stehen paarweise,

4 dicht wachsend und sind grau bis blaugrün und längsgestreift.

5 Die Zapfen sind zuerst grün und geschlossen,

6 reifen und fallen nach drei Jahren ab.

7 Kiefernzapfen zeigen das Wetter an.

8 Ist es trocken, entfalten sie sich.

9 Ist es aber feucht, dann schließen sie sich.

10 Kiefernholz verwendet man für Bauholz und Möbel.

11 Aus dem Harz wurde Pech erzeugt.

Think Pair Share

= Filterverfahren und Vervielfältigungsverfahren

Intention

- Vorteil: Jedes Kind muss sich zunächst selbstständig mit dem jeweiligen Lerninhalt auseinander setzen.
- ermöglicht ein fundiertes Gruppengespräch
- Ideen sammeln, Gedankengänge initiieren, Anregungen erhalten
- Meinungsaustausch in der Kleingruppe ermöglichen und Einigungsprozesse einleiten
- konstruktives Nachdenken über eine Idee und deren Implementierung
- …

Durchführung

Schritt 1: Einzelarbeit

Jedes Kind bearbeitet die gestellte Aufgabe zunächst für sich.

ggf. Schritt 2: Partnerarbeit

Die Ergebnisse werden mit dem Partner verglichen, ergänzt etc.

Schritt 3: Gruppenarbeit

- Reflexion der gefundenen Ergebnisse in der Kleingruppe
- Weiterentwicklung in der Kleingruppe
- Konsens-/Entscheidungsfindung
- Sammeln aller Gruppenergebnisse im Plenum

© Bildungshaus Schulbuchverlage Westermann Schroedel Diesterweg Schöningh Winklers GmbH, Braunschweig 2007, ISBN 978-3-14-163024-4

Mögliche Formen der Weiterarbeit

- Galeriepräsentation (vgl. S. 86)
- Abschlusspräsentation der Gruppenergebnisse: Feststellung der Unterschiede, Ähnlichkeiten, Gemeinsamkeiten
- offene Diskussion
- Diskutieren/Auswerten der Ideen/Gedanken → mögliche Konsens-/ Entscheidungsfindung, z. B. „Die vier wichtigsten Aussagen sind: …"
- …

Einsatzmöglichkeiten dieser Methode

- Vorarbeit für jede Gruppenarbeit unabhängig vom Thema
- bei Problemstellungen in allen Fächern, z. B. „In dieser Situation können wir in der Gruppe gemeinsam helfen!"
- Sachunterricht: Unser Wald ist in Gefahr! – Was können wir tun?
- Deutsch/Lesen und mit Literatur umgehen: Lesetext inhaltlich überarbeiten
- Sport: Bewegungsformen zu einem Arbeitsauftrag/ einem (Klein-)Gerät finden
- Mathematik: Zauberquadrate lösen
- Mathematik/Sachrechnen: Lösungsmöglichkeiten, Fragestellungen etc. finden
- Mathematik/halbschriftliches Rechnen: verschiedene Lösungswege finden/ Strategien finden und vergleichen
- …

© Bildungshaus Schulbuchverlage Westermann Schroedel Diesterweg Schöningh Winklers GmbH, Braunschweig 2007, ISBN 978-3-14-163024-4

© Bildungshaus Schulbuchverlage Westermann Schroedel Diesterweg Schöningh Winklers GmbH, Braunschweig 2007, ISBN 978-3-14-163024-4

Variationsmöglichkeiten dieser Methode

- als Filterverfahren (Einzelarbeit): Jedes Kind überlegt sich beispielsweise vier Argumente zu einem Thema, in der Partnergruppe einigt man sich auf drei Beispiele. In der Kleingruppe werden anschließend die Argumente ausgetauscht, und die Kleingruppe einigt sich beispielsweise auf die vier für sie wichtigsten, die sie ins Plenum einbringt
- von der Einzelarbeit kann auch gleich in der Kleingruppe weiter- gearbeitet werden
- bei komplexen Aufgabenstellungen: Beginn gleich in der Partnergruppe
- als Vervielfältigungsverfahren, z. B. möglichst viele verschiedene Lösungs- wege finden

Benötigtes Material

- ggf. Arbeitsvorlage
- Stifte
- ggf. Notizzettel

Tipps und Tricks

- Zur Differenzierung können von Beginn der Arbeitsphase an leistungs- schwächere Kinder einen leistungsstärkeren Partner zur Seite bekommen.
- Notizen – als Argumentationshilfe – von den Kindern aufschreiben lassen.
- Dadurch, dass sich jeder Lernende zu Beginn in Einzelarbeit mit einem Lerninhalt auseinander setzt, ist diese Methode bestens dafür geeignet, die „herkömmliche" Gruppenarbeit so zu optimieren, dass jedes Kind einen Beitrag leisten kann.

© Bildungshaus Schulbuchverlage Westermann Schroedel Diesterweg Schöningh Winklers GmbH, Braunschweig 2007, ISBN 978-3-14-163024-4

Planung und Durchführung am Beispiel
„Rechenkonferenz zur halbschriftlichen Addition"

Vorschlag für den Einsatz der KV 46
„Rechenkonferenz zur halbschriftlichen Addition"
im Rahmen der Erarbeitungsphase.

1. Schritt: Einzelarbeit
Jedes Kind versucht, auf seinem Notizzettel die vorgegebene Aufgabe
349 + 234 zu lösen.

2. Schritt: Partnerarbeit
Die Lernenden tauschen sich über ihre gefundenen Lösungen aus und begründen ihr Vorgehen.

3. Schritt: Gruppenarbeit
Jede Partnergruppe stellt ihre Lösungen der Kleingruppe vor
und erläutert ihre jeweilige Strategie/Vorgehensweise.

ggf. 4. Schritt: Zusammenführung
Jede Kleingruppe einigt sich auf den für sie effektivsten Lösungsweg
und stellt diesen im Plenum vor.

Einzelarbeit   **Partnerarbeit**   **Gruppenarbeit**

Material: Stifte, Karopapier, Textmarker

Denkt an die Gruppenarbeitsregeln.

Einigt euch auf einen, der das Ergebnis vorstellt.

1. Einzelarbeit

Versuche die Aufgabe allein auf dem Karopapier zu lösen.

2. Partnerarbeit

Vergleiche deinen Rechenweg mit dem deines Nachbarn.

3. Gruppengespräch

Stellt eure Lösungen der Gruppe vor.

Vergleicht in der Gruppe eure verschiedenen Lösungswege.

Einigt euch auf den Rechenweg, der euch am vorteilhaftesten erscheint.

Einigt euch auf ein Kind, das euer Ergebnis der Klasse vorstellt.

Für schnelle Gruppen;

• Notiert Begründungen/Vorteile für euren Lösungsweg.

© Bildungshaus Schulbuchverlage Westermann Schroedel Diesterweg Schöningh Winklers GmbH, Braunschweig 2007, ISBN 978-3-14-163024-4

Einzelarbeit

Partnerarbeit

Gruppenarbeit

Material: Stifte, Karopapier, Arbeitsblatt (Kopiervorlage 48)

Denkt an die Gruppenarbeitsregeln.

Einigt euch auf einen, der das Ergebnis vorstellt.

1. Einzelarbeit
Überlege dir Möglichkeiten, wie wir in der Klasse zusammen helfen können.
Schreibe deine Ideen auf.

2. Partnerarbeit
Vergleiche deine Lösungen mit denen deines Nachbarn.

3. Gruppengespräch
Stellt eure Lösungen der Gruppe vor.
Vergleicht in der Gruppe eure verschiedenen Lösungswege.
Einigt euch auf drei Situationen, die euch am wichtigsten sind,
wenn es darum geht, in der Klasse zusammen zu helfen.
Notiert diese auf dem Arbeitsblatt.
Schreibt jeweils einen Vorteil, wenn man in dieser Situation zusammen hilft.
Einigt euch auf ein Kind, das euer Ergebnis der Klasse vorstellt.

Für schnelle Gruppen;
- Notiert weitere Vorteile, wenn man in dieser Situation zusammen hilft.
- Überlegt, wer welche Aufgabe übernehmen möchte.

In diesen Situationen können wir in der Schule zusammen helfen

Situation	Vorteile

© Bildungshaus Schulbuchverlage Westermann Schroedel Diesterweg Schöningh Winklers GmbH, Braunschweig 2007, ISBN 978-3-14-163024-4

westermann®

Lernspaziergang

= Erarbeitung von Inhalten

Intention

- Betrachten eines Themas aus unterschiedlichen Perspektiven
- vertiefter Zugang zu einem Thema
- differenzierter, individualisierter Zugang zu einem Inhalt
- ...

Durchführung

Vorbereitung:

Informationstexte werden im Raum verteilt aufgehängt.

Schritt 1: Einzelarbeit/ggf. auch Partnerarbeit

Die Kinder gehen mit ihren Laufzetteln von Text zu Text. Sie lösen dabei die Aufgaben und notieren die Antworten auf ihren Laufzetteln.

ggf. Schritt 2: Austausch in der Gruppe

Vergleich der Ergebnisse in der Kleingruppe.

Schritt 3: Zusammenführung

Die Lehrkraft sammelt die Ergebnisse an der Tafel/am OHP etc.

© Bildungshaus Schulbuchverlage Westermann Schroedel Diesterweg Schöningh Winklers GmbH, Braunschweig 2007, ISBN 978-3-14-163024-4

© Bildungshaus Schulbuchverlage Westermann Schroedel Diesterweg Schöningh Winklers GmbH, Braunschweig 2007, ISBN 978-3-14-163024-4

Mögliche Formen der Weiterarbeit

- Vergleich der Ergebnisse in der Kleingruppe
- Zusammentragen der Ergebnisse im Klassenverband
- Präsentation der Ergebnisse durch einzelne Kinder
- Präsentation an der Tafel
- Erstellen von Plakaten und anschließende Präsentation als Plakat (vgl. S. 90)
- …

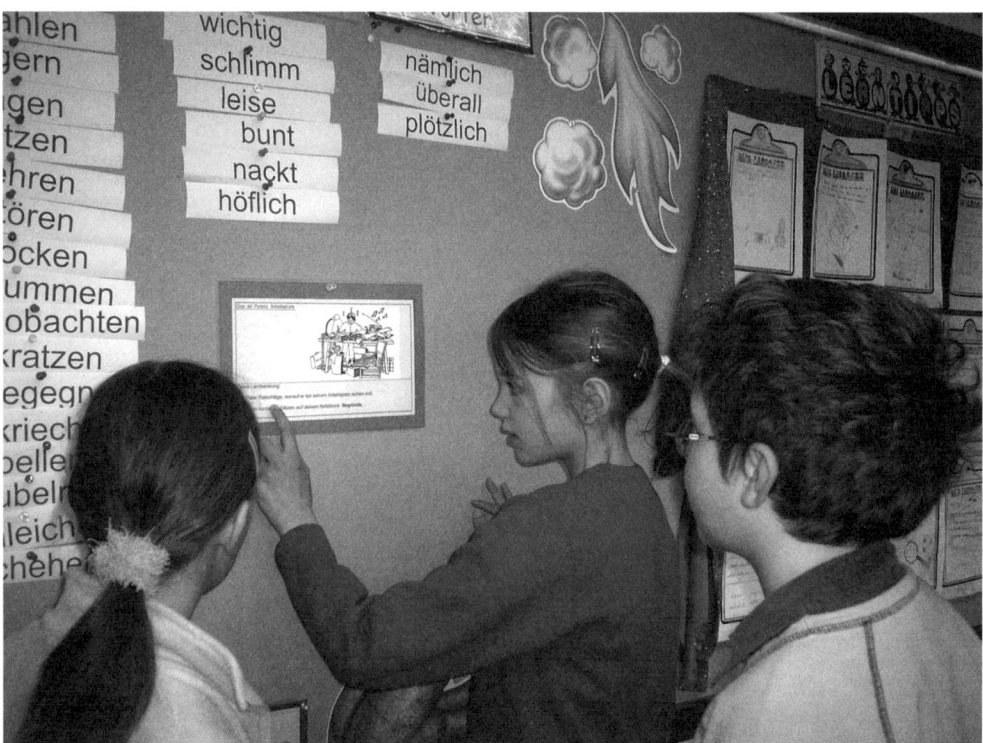

Einsatzmöglichkeiten dieser Methode

- Informationsentnahme aus Texten
- Kunst: Informationen zu einem Maler
- Kunst: verschiedene Epochen und deren Künstler kennenlernen
- Musik: Leben und Werk von Musikern
- Sachunterricht: Tiere des Waldes u. Ä.
- …

© Bildungshaus Schulbuchverlage Westermann Schroedel Diesterweg Schöningh Winklers GmbH, Braunschweig 2007, ISBN 978-3-14-163024-4

Variationsmöglichkeiten dieser Methode

- Informationsentnahme aus Grafiken, Bildern, Skizzen, Tabellen etc.
- Reihenfolge der Bearbeitung ist festgelegt
- Reihenfolge der Bearbeitung bleibt frei
- Bearbeitung der Aufgaben erfolgt allein/mit einem (Lese-)Partner
- Vergleich der Ergebnisse zuerst mit dem Partner oder in der Kleingruppe oder im Klassenverband

Benötigtes Material

- Laufzettel mit Fragen für jedes Kind
- Informationsmaterial
- ggf. Flipcharts bzw. Pinnwände

Tipps und Tricks

- Differenzierung kann erfolgen in Bezug auf:
  - Pflicht- und Zusatzaufgaben, die auf den Laufzetteln entsprechend der Leistungsfähigkeit der Kinder gekennzeichnet werden
  - Kinder mit schlechten Leseleistungen lösen die Aufgaben gemeinsam mit einem Lesepartner
- Aufgabennummern entsprechen zunächst der Nummer des ausgehängten Plakates, zur Erhöhung des Schwierigkeitsgrades entfallen die Nummern auf den Plakaten, sodass die Fragen zu den entsprechenden Texten erst gesucht werden müssen

Planung und Durchführung am Beispiel „Der Igel"

Vorschlag für den Einsatz der KV 53 – 55 „Informationsentnahme aus Sachtexten", z. B. „Der Igel"

Vorbereitung:

Informationstexte werden im Raum verteilt aufgehängt.

1. Schritt: Einzelarbeit/ggf. Partnerarbeit

Die Kinder gehen mit ihrem Laufzettel von Text zu Text, lösen dabei die Aufgaben und notieren die Antworten auf ihrem Laufzettel.

ggf. 2. Schritt: Austausch in der Gruppe

Die Kinder treffen sich in Kleingruppen und vergleichen ihre Ergebnisse bzgl. der zu erarbeitenden Merkmale des Igels (z. B. Feinde, Aussehen).

3. Schritt: Zusammenführung

Die Lehrkraft lässt nacheinander von einzelnen Kindern die Ergebnisse vorstellen und erstellt dazu ggf. parallel ein Tafelbild.

© Bildungshaus Schulbuchverlage Westermann Schroedel Diesterweg Schöningh Winklers GmbH, Braunschweig 2007, ISBN 978-3-14-163024-4

westermann®

© Bildungshaus Schulbuchverlage Westermann Schroedel Diesterweg Schöningh Winklers GmbH, Braunschweig 2007, ISBN 978-3-14-163024-4

1 Das Aussehen des Igels

1 Der Igel hat einen Kopf, einen Körper und einen Schwanz.

2 Er hat eine immer feuchte Nase, Tasthaare und zwei Ohren,

3 mit denen er sehr gut hören kann.

4 Am Rücken hat der Igel viele Stacheln.

5 Am Kopf und am Bauch aber hat er keine Stacheln.

6 Der Igel ist ungefähr 25-30 Zentimeter groß.

2 Dort kommt der Igel vor

1 Der Igel kommt in Deutschland häufig vor.

2 Er lebt unter Laubhaufen, unter Hecken und in Erdmulden.

3 Mit seinem Körper bearbeitet er den Laubhaufen so lange,

4 bis die Mulde seiner Körpergröße entspricht.

© Bildungshaus Schulbuchverlage Westermann Schroedel Diesterweg Schöningh Winklers GmbH, Braunschweig 2007, ISBN 978-3-14-163024-4

3 Die Nahrung des Igels

1 Der Igel frisst Würmer, Heuschrecken und Schnecken
2 sowie anderes Ungeziefer.
3 Deshalb mögen Gartenbesitzer ihn in ihren Gärten.
4 Der Igel ernährt sich aber auch von Vogeleiern,
5 jungen Vögeln, Beeren, Obst und Nüssen.

4 Die Feinde des Igels

1 Der Igel hat viele Feinde.
2 Es sind der Fuchs, der Dachs, der Hund und der Marder.
3 Gegen diese Feinde kann er sich verteidigen:
4 Er rollt sich zusammen.
5 Seine Feinde bekommen dann seine Stacheln ins Maul.
6 Viel gefährlicher für den Igel sind die Raubvögel.
7 Ihre Krallen sind unempfindlich gegen die Stacheln.
8 Der größte Feind des Igels ist der Mensch.

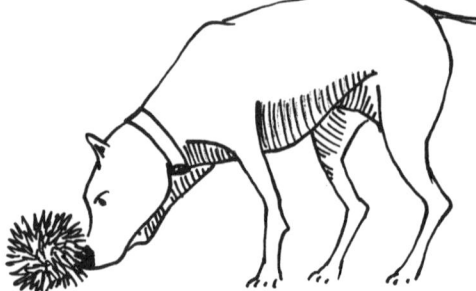

5 Die Fortpflanzung des Igels

1 Einmal oder zweimal im Jahr bringt das Igelweibchen
2 drei bis vier lebendige Junge zur Welt.
3 Die jungen Igel werden mit der Muttermilch ernährt.
4 Sie saugen die Milch von der Brust der Mutter.
5 Bei der Geburt haben die kleinen Igel noch keine Stacheln.
6 Die Stacheln wachsen erst nach ein paar Tagen.

6 Der Igel im Winter

1 Der Igel ist ein Winterschläfer.
2 Er frisst sich im Sommer und im Herbst
3 eine dicke Fettschicht an.
4 Beim Winterschlaf schlägt sein Herz nur langsam.
5 Seine Atmung ist schwach,
6 sodass er nur wenig Energie verbraucht.
7 Die Energie bekommt er aus seiner Fettschicht.
8 Wird der Igel bei seinem Winterschlaf gestört,
9 kann er nicht überleben.

© Bildungshaus Schulbuchverlage Westermann Schroedel Diesterweg Schöningh Winklers GmbH, Braunschweig 2007, ISBN 978-3-14-163024-4

Der Igel

1. Wie groß ist der Igel ungefähr?

_____

_____

2. Wo ist der Igel zu finden?

_____

_____

3. Was frisst der Igel?

_____

_____

4. Schreibe die Feinde des Igels auf.

_____

_____

5. Wie sehen die kleinen Igel bei der Geburt aus?

_____

_____

6. Was passiert, wenn der Igel bei seinem Winterschlaf gestört wird?

_____

_____

_____

_____

© Bildungshaus Schulbuchverlage Westermann Schroedel Diesterweg Schöningh Winklers GmbH, Braunschweig 2007, ISBN 978-3-14-163024-4

Häuptling Schleichohr

= Erarbeitung von Inhalten

Intention

- Erzeugung einer Vielzahl von Sichtweisen, Perspektivenwechsel
- Optimierung des eigenen Gruppenergebnisses
- Informationen von Einzelnen und Gruppen hören, vergleichen
- Verknüpfung von Einzel- und Gruppenergebnissen
- Übung des aktiven Zuhörens
- ...

Durchführung

Vorbereitung:

Die Klasse wird in z. B. sechs Gruppen aufgeteilt.

Schritt 1: Gruppenarbeit

Immer drei Gruppen bearbeiten das gleiche, komplexe Thema.

Schritt 2: Schleichohr

Nach dieser arbeitsgleichen Gruppenarbeit wandert Häuptling Schleichohr
mit einem Notizzettel von Gruppe zu
Gruppe und bekommt die Ergebnisse der
anderen Gruppen präsentiert. Er macht
sich Notizen und gibt nach Rückkehr an
seinen Gruppentisch die Ergänzungen,
Anregungen der anderen Gruppen an
seine Gruppe weiter.

Schritt 3: Überarbeitung der Gruppenergebnisse

Aus den jetzt bekannten gesamten Resultaten, Ergänzungen, Anregungen
der anderen Gruppen überarbeiten, verbessern die Ausgangsgruppen ihre Ergebnisse,
z. B. „So ist unser Wald aufgebaut" (vgl. KV 61).

© Bildungshaus Schulbuchverlage Westermann Schroedel Diesterweg Schöningh Winklers GmbH, Braunschweig 2007, ISBN 978-3-14-163024-4

© Bildungshaus Schulbuchverlage Westermann Schroedel Diesterweg Schöningh Winklers GmbH, Braunschweig 2007, ISBN 978-3-14-163024-4

Mögliche Formen der Weiterarbeit

- Abschlusspräsentation der Gruppenergebnisse
- offene Diskussion
- Präsentation der Ergebnisse als Galerie (vgl. S. 86)
- ...

Einsatzmöglichkeiten dieser Methode

- Erarbeitung eines Sachkundethemas, z. B. Stockwerke des Waldes
- Arbeit an verschiedenen Übungsaufgaben (Zahlenquadrate, Rechenmauern, Rechendreiecke, Turmzahl berechnen etc.)
- zu einer Sachsituation, z. B. Sachaufgaben aufschreiben
- Sachaufgaben: Lösungsvorschläge zuordnen, passende Fragestellungen, bzw. Aussagen zu Sachaufgaben finden
- Mathematik/Rechenkonferenz: Lösungswege vergleichen
- Mathematik/Geometrie: Spiegelspiele
- ...

Variationsmöglichkeiten dieser Methode

- Im Gegensatz zum Beispiel „So ist unser Wald aufgebaut" erarbeitet jede Gruppe einen anderen Aspekt eines Themas (vgl. STEX, S. 41))
- Nach dieser arbeitsteiligen Gruppenarbeit wird ein Kind jeder Gruppe Häuptling Schleichohr und wandert mit einem Notizzettel und seinem Gruppenergebnis von Tisch zu Tisch stellt den anderen Gruppen das Ergebnis seiner eigenen Gruppe vor und bekommt die Ergebnisse der anderen Gruppen präsentiert. Häuptling Schleichohr kann sich dabei die Anregungen der anderen Gruppen notieren und gibt nach Rückkehr an seinen Gruppentisch die Ergänzungen, Anregungen der anderen Gruppen an seine Gruppe weiter.
- Aus den jetzt gesehenen gesamten Resultaten der anderen Gruppen überarbeiten die Ausgangsgruppen ihre Ergebnisse, z. B. Experimente planen (Ohr, Luft, Wasser etc.).

Benötigtes Material

- abhängig vom Gruppenarbeitsauftrag
- Stifte, Notizzettel, ggf. Textmarker

Tipps und Tricks

- Bei der Einführung der Methode den Begriff „Schleichohr" erklären.

Planung und Durchführung am Beispiel „So ist unser Wald aufgebaut"

Vorschlag für den Einsatz der KV 61–66 „So ist unser Wald aufgebaut",

Vorbereitung:

Die Klasse wird in z. B. sechs Gruppen aufgeteilt.

Immer drei Gruppen bearbeiten das gleiche, komplexe Thema.

Schritt 1: Gruppenarbeit

Jedes Kind liest zunächst den Text allein/mit einem Partner.

Schritt 2: Schleichohr

Häuptling Schleichohr wandert mit einem Notizzettel von Gruppe zu Gruppe und bekommt die Ergebnisse der anderen Gruppen präsentiert. Er macht sich Notizen und gibt nach Rückkehr an seinen Gruppentisch die Ergänzungen, Anregungen der anderen Gruppen an seine Gruppe weiter.

Schritt 3: Überarbeitung der Gruppenergebnisse

Aus den jetzt bekannten gesamten Resultaten, Ergänzungen, Anregungen der anderen Gruppen überarbeiten, verbessern die Ausgangsgruppen ihre Ergebnisse zum Thema „So ist unser Wald aufgebaut".

Es ist auch möglich, dass jede Gruppe ein Plakat zu ihren Stockwerken erstellt.

Schritt 4: Zusammenführung

Galeriepräsentation

© Bildungshaus Schulbuchverlage Westermann Schroedel Diesterweg Schöningh Winklers GmbH, Braunschweig 2007, ISBN 978-3-14-163024-4

westermann®

Arbeitsauftrag

1. Lies den Text genau.

2. Wie heißen die einzelnen Schichten? Unterstreiche diese mit einem grünen Stift.

3. Welche Pflanzen bzw. Pflanzenteile befinden sich darin?
   Unterstreiche mit einem gelben Stift.

4. Welche Aufgabe haben die jeweiligen Schichten?
   Unterstreiche mit einem blauen Stift.

5. Welche Tiere findest du in den Schichten? Unterstreiche mit einem braunen Stift.

6. Ergänze die Tabelle (KV 63).

So ist unser Wald aufgebaut

1   Der Wald besteht wie ein Haus aus verschiedenen Stockwerken.

2   Diese werden auch Schichten genannt. Die unterste Schicht heißt **Wurzelschicht**.

3   Hier befinden sich die Wurzeln der Waldpflanzen, die hier wachsen.

4   Die Wurzeln halten die Bäume, Sträucher und Pflanzen im Boden fest,

5   so dass sie bei Stürmen und Umwettern nicht ausgerissen werden.

6   Sie sammeln und speichern auch für die Pflanzen Wasser und lebenswichtige

7   Nährstoffe. Viele Tiere leben hier unter der Erde. Das dunkle Erdreich bietet ihnen

8   Schutz und Nahrung. Regenwürmer, Asseln, Tausendfüßler und Millionen anderer

9   kleiner Insekten kannst du hier finden. Aber auch größere Tiere, z. B. der Maulwurf

10   oder der Dachs, fühlen sich im Wurzelraum wohl.

11   Die Schicht, die dicht über dem Boden liegt, heißt **Moosschicht**.

12   Sie wird auch **Kraut- und Bodenschicht** genannt. Dicht über dem Waldboden

13   kannst du hauptsächlich Moose, Flechten und Pilze entdecken. Das ganze Jahr

14   über bleiben abgestorbene Pflanzen und tote Tiere auf dem Waldboden

15   einfach liegen. Doch wer räumt sie weg? Niemand!

16   Diese toten Stoffe dienen Kleinstlebewesen und Pilzen als Nahrung.

17   Aus dem Abfallstoff, den diese Tiere wieder ausscheiden,

18   wird eine sehr fruchtbare Erde, der Humus. Der Humus wiederum

19   enthält so viele Nährstoffe, dass viele Pflanzen darin wachsen können.

20   Schnecken, Ameisen, Käfer, Spinnen und viele andere kleine Lebewesen

21   sind in dieser Schicht des Waldes zu Hause.

© Bildungshaus Schulbuchverlage Westermann Schroedel Diesterweg Schöningh Winklers GmbH, Braunschweig 2007, ISBN 978-3-14-163024-4

Arbeitsauftrag

1. Lies den Text genau.

2. Wie heißen die einzelnen Schichten? Unterstreiche diese mit einem grünen Stift.

3. Welche Pflanzen bzw. Pflanzenteile befinden sich darin?
   Unterstreiche mit einem gelben Stift.

4. Welche Aufgabe haben die jeweiligen Schichten?
   Unterstreiche mit einem blauen Stift.

5. Welche Tiere findest du in den Schichten? Unterstreiche mit einem braunen Stift.

6. Ergänze die Tabelle (KV 63).

So ist unser Wald aufgebaut

1   Der Wald besteht wie ein Haus aus verschiedenen Stockwerken.

2   Diese werden auch Schichten genannt. Eine Schicht heißt **Kraut- und**

3   **Strauchschicht**. Sie wird auch **Mittelschicht** genannt. Hier findest du

4   vor allem Sträucher, z. B. der Haselstrauch und der Holunder.

5   Sie brauchen zum Wachsen viel Licht. Da jedoch die hohen Bäume oft sehr

6   wenig Licht durchdringen lassen, wachsen diese Sträucher häufig an den hellen

7   Waldrändern. Viele Tiere haben in dieser Schicht ihren Lebensraum: Vögel nisten

8   hier, Rehe und Haselmäuse suchen Unterschlupf im Dickicht der Sträucher.

9   Die Waldbeeren sind Nahrung für viele Tiere. Hier wachsen auch viele junge

10 Bäume heran. An den Pflanzen, die hier wachsen, erkennt der Fachmann, wie gut

11 es dem Wald geht und ob der Waldboden krank oder gesund ist. Deshalb

12 bezeichnet man die Kraut- und Strauchschicht oft als „Visitenkarte" des Waldes.

13 Die oberste Schicht wird **Kronenschicht** oder **Kronendach** genannt.

14 Die Baumstämme haben die Aufgabe, die lebenswichtigen Mineralsalze und

15 Wasser von den Wurzeln in die Baumkronen zu transportieren.

16 Das Licht der Sonne hilft dann, diese Stoffe in den Blättern in Nahrung

17 für die Bäume umzuwandeln. Ein Baum bietet Wohnraum für zahlreiche Insekten,

18 z. B. Borkenkäfer und Kieferspinnerraupen. Deshalb leben auch Vögel

19 wie der Specht oder der Kleiber gern in dieser Schicht.

20 Sie finden in Astlöchern oder Baumhöhlen Wohnraum und müssen nicht lange

21 nach Nahrung suchen.

© Bildungshaus Schulbuchverlage Westermann Schroedel Diesterweg Schöningh Winklers GmbH, Braunschweig 2007, ISBN 978-3-14-163024-4

Schicht 1

Name	
Pflanzen/ Pflanzenteile	
Aufgabe der Schicht	
Tiere	

Schicht 2

Name	
Pflanzen/ Pflanzenteile	
Aufgabe der Schicht	
Tiere	

© Bildungshaus Schulbuchverlage Westermann Schroedel Diesterweg Schöningh Winklers GmbH, Braunschweig 2007, ISBN 978-3-14-163024-4

4 aus 16

= Filterverfahren, das Einigungsprozesse in der Gruppe ermöglicht

Intention

- gemeinsamer Nenner wird gefunden
- Meinungsbild wird erhoben
- Meinungs-/Gedankenaustausch zu einem Thema (mit Argumenten)
- konstruktives Nachdenken über eine Idee und deren Umsetzung
  bzw. über ein Problem und dessen Lösung
- …

Durchführung

Schritt 1: Einzelarbeit

- Jedes Kind liest zunächst die Aussagesätze.
- Anschließend markiert es die angegebene Anzahl von Aussagen/Bildern
  (z. B. die Aussagen, die der eigenen Meinung nach am zutreffendsten sind).

Schritt 2: Austausch in der Gruppe

- Die Kinder bilden Kleingruppen (3-6 Kinder).
- Sie tauschen sich über ihre Auswahl aus und begründen ihre Meinung.

Schritt 3: Einigung in der Gruppe

- Die Kinder einigen sich auf die vier für die Gruppe wichtigsten Aussagen.
- Ins Plenum kommt nur das Gruppenergebnis.

westermann®

Mögliche Formen der Weiterarbeit

- Galeriepräsentation (vgl. S. 86)
- Präsentation an der Tafel
- Diskussion der „gefilterten" Meinungen
- Hierarchisieren der Aussagen
- Plenum/Gesamtklasse einigt sich auf die vier wichtigsten Aussagen
- Blitzlicht 1 (vgl. KV 89): Die Lehrkraft gibt einen Satzanfang vor:
  „Bei der Methode 4 aus 16 hat mir gefallen, dass ..."
- Blitzlicht 2 (vgl. KV 90): Damit die Methode 4 aus 16 gut klappt,
  empfehle ich, dass ..."
- ...

Einsatzmöglichkeiten dieser Methode

- zu Beginn eines neuen Sachthemas
- zum Abschluss eines Sachthemas bzw. als Wiederholung
  vor einer Lernzielkontrolle
- Ethik/Werteerziehung: Regelfindung und -vereinbarung
  (Klassenkonferenz, Regeln im Schulalltag, Streitschlichtung,
  Geschlechterproblematik (So sind Mädchen – So sind Jungen)
- Deutsch/Lesen und mit Literatur umgehen:
  Lesetext inhaltlich überarbeiten
- Kunst: Das möchte der Künstler vermutlich mit dem Bild aussagen ...
- Mathematik/Sachrechnen: Lösungsmöglichkeiten zuordnen,
  passende Fragestellungen bzw. Aussagen finden
- Mathematik: Strategievergleich bei einer Rechenkonferenz
- ...

© Bildungshaus Schulbuchverlage Westermann Schroedel Diesterweg Schöningh Winklers GmbH, Braunschweig 2007, ISBN 978-3-14-163024-4

Variationsmöglichkeiten dieser Methode

- 3 aus 9
- 5 aus 25
- 6 aus 36
- 1 aus 6
- richtige und falsche Antworten mischen, z.B. vier richtige Aussagen aus einem Angebot von 16 Thesen herausfinden
- Bilder statt Aussagen verwenden
- Begründungssätze bereits auf dem Blatt als Merkhilfe notieren lassen (vgl. KV 65)
- Markieren durch Ankreuzen, Umkreisen, Ausschneiden etc.
- ein gemeinsames Aussagefeld durch die Klasse erstellen lassen

Benötigtes Material

- 4x4-Felder mit 16 Aussagen auf einem Blatt (vgl. KV 65)
- Stifte und Lineal

Tipps und Tricks

- Bei der Erstellung des Thesenblattes mit den 16 Aussagen kann man richtige und falsche Aussagen mischen. Noch interessanter wird der Entscheidungs- und Einigungsprozess, wenn die Zuordnung nicht eindeutig ist und eine persönliche Einstellung zu einem bestimmten Thema widerspiegelt (z.B. vier gute Eigenschaften eines Klassensprechers).
- Bei der Erstellung eines eigenen Thesenblattes das Kästchen so groß gestalten, dass die Lernenden Begründungsstichworte notieren können. Diese dienen im weiteren Verlauf als Diskussionshilfe in der Gruppe.

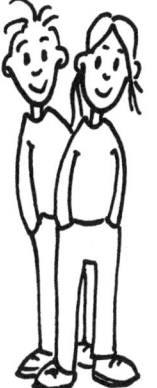

Planung und Durchführung am Beispiel „Eigenschaften eines Klassensprechers"

Vorschlag für den Einsatz der KV 65 „Eigenschaften eines Klassensprechers"
im Rahmen der Erarbeitungsphase.

1. Schritt: Einzelarbeit

Jedes Kind liest die Aussagen und markiert die Eigenschaften eines
Klassensprechers, die seiner Meinung nach am zutreffendsten sind.

2. Schritt: Austausch in der Gruppe

Die Lernenden tauschen sich über ihre Auswahl aus
und begründen ihre Meinung.

3. Schritt: Einigung in der Gruppe

Die Gruppe einigt sich auf vier Eigenschaften und notiert
diese auf Wortkarten.

4. Schritt: Zusammenführung

Jede Kleingruppe stellt ihre Wortkarten im Plenum vor.

© Bildungshaus Schulbuchverlage Westermann Schroedel Diesterweg Schöningh Winklers GmbH, Braunschweig 2007, ISBN 978-3-14-163024-4

Ein guter Klassensprecher ist …

1. Lies die möglichen Eigenschaften eines Klassensprechers.
2. Wähle vier Eigenschaften aus, die deiner Meinung nach ein Klassensprecher haben sollte, und unterstreiche diese farbig.

Wenn du magst, kannst du sagen, welche Eigenschaft dir am wichtigsten ist und warum du diese Eigenschaften ausgewählt hast:

1. _____ ist mit am wichtigsten, weil _____

_____ .

2. _____ ist mit am zweitwichtigsten, weil _____

_____ .

1. _____ ist mit am drittwichtigsten, weil _____

_____ .

1. _____ ist mit am viertwichtigsten, weil _____

_____ .

mutig	stark	freundlich	gerecht
witzig	hilfsbereit	redegewandt	zuverlässig
beliebt	sehr gut in der Schule	sportlich	friedlich
vorbildlich	ruhig	(hier kannst du noch eine eigene Eigenschaft aufschreiben, die dir wichtig ist)	(hier kannst du noch eine eigene Eigenschaft aufschreiben, die dir wichtig ist)

© Bildungshaus Schulbuchverlage Westermann Schroedel Diesterweg Schöningh Winklers GmbH, Braunschweig 2007, ISBN 978-3-14-163024-4

Sachaufgaben

Auf diesem Blatt sollst du nicht rechnen.

Kreuze nur die Geschichten an, die Aufgaben enthalten,

bei denen du rechnen könntest.

1. Stefan ist 9 Jahre alt. Er hat viele Rennautos.	2. Die Oma kauft im Gemüsegeschäft für 18 € ein, beim Bäcker für 4 € und beim Metzger für 22 €.	3. Lea bekommt für ihr Zimmer ein neues Bett für 125 € und einen Schreibtisch für 89 €.
4. Eine Familie bestellt 12 Kugeln Eis. Sie bezahlt dafür 6 Euro und 60 Cent.	5. Paula ist 9 Jahre alt. Ihr Opa hat auch Geburtstag.	6. Ralfs Freund fährt an 4 Tagen der Woche mit dem Rad zur Schule. Er braucht jedes Mal 15 Minuten.
7. 8 Äpfel kosten zusammen 1 Euro und 60 Cent.	8. Onkel Peter muss tanken. Er bezahlt mit einem 50-Euro-Schein.	9. Fabiana hat 39 € gespart, ihre Schwester hat 16 € mehr gespart.
10. Im Sparschwein hat Konrad nur noch 55 Cent Kleingeld.	11. Bauer Müller hat gelbe Hosen an. Er ist 47 Jahre alt.	12. Im Möbelgeschäft stehen 6 Stühle. Ein Stuhl kostet 35 €.
13. Frau Meier fährt mit der Buslinie 68 in die Stadt. Sie braucht damit ziemlich lange.	14. Der Kapitän fährt sehr oft auf dem 25 Meter breiten Fluss.	15. Die Köchin braucht 5 Säcke Kartoffeln. Jeder Sack wiegt 20 kg.

Du bist schon fertig? Schreibe eine lösbare und eine nicht lösbare Sachaufgabe auf.

_____

_____

_____

_____

© Bildungshaus Schulbuchverlage Westermann Schroedel Diesterweg Schöningh Winklers GmbH, Braunschweig 2007, ISBN 978-3-14-163024-4

Wo hörst du das O?

Betrachte die Bilder und finde 8 Wörter mit O/o.
Kreuze an, ob du den O-Laut am Wortanfang, in der Wortmitte
oder am Wortende hörst.

© Bildungshaus Schulbuchverlage Westermann Schroedel Diesterweg Schöningh Winklers GmbH, Braunschweig 2007, ISBN 978-3-14-163024-4

Im letzten Kästchen können die Kinder versuchen, das Bild eines Wortes zu malen,
in dem der O/o-Laut am Anfang steht.

Das unterschreibe ich

= Abfragen von Vorwissen und Wiederholung von Gelerntem

Intention

- Ermitteln von Vorwissen zum Beispiel zu Beginn einer Unterrichtssequenz/ einer Unterrichtseinheit
- Abfragen von Erlerntem am Ende einer Unterrichtssequenz/ einer Unterrichtseinheit
- Förderung kurzer Partnerdialoge
- Einstellungen anderer kennenlernen
- ...

Durchführung

Schritt 1: Gesprächspartner finden (vgl. Basar, S. 14)
- Mit Thesenblatt und Stift gehen die Kinder umher und suche sich einen Partner.

Schritt 2: Frage stellen und ggf. unterschreiben
- Jeder Partner liest eine Frage/Aussage der Kopiervorlage vor.
- Je nachdem, welcher Meinung der andere Partner ist, kreuzt er richtig oder falsch an und unterschreibt auf der vorgesehenen Linie.

Schritt 3: Neuen Gesprächspartner finden
- Die Lernenden suchen sich einen neuen Gesprächspartner.

© Bildungshaus Schulbuchverlage Westermann Schroedel Diesterweg Schöningh Winklers GmbH, Braunschweig 2007, ISBN 978-3-14-163024-4

© Bildungshaus Schulbuchverlage Westermann Schroedel Diesterweg Schöningh Winklers GmbH, Braunschweig 2007, ISBN 978-3-14-163024-4

COPY

Mögliche Formen der Weiterarbeit

- Beantworten/Richtig stellen/Diskutieren/Auswerten der Fragen bzw. Aussagen als Meinungsbild
- Bilden von Gruppen mit Hilfe des Meinungsbildes
- Auswerten der Unterschriften zur Lernstandserfassung
- Ausblick geben auf die Inhalte der folgenden Unterrichtssequenz/ Unterrichtseinheit
- am Ende einer Unterrichtssequenz: Auswerten der Unterschriften vor einer Lernzielkontrolle, Vorbereiten von Förderschwerpunkten
- Blitzlicht 1 (vgl. KV 89): Die Lehrkraft gibt einen Satzanfang vor: „Bei der Methode Das unterschreibe ich hat mir gefallen, dass …".
- Blitzlicht 2: „Damit die Methode Das unterschreibe ich besonders gut klappt, empfehle ich …" (vgl. KV 90).
- …

Einsatzmöglichkeiten dieser Methode

- Wissensbereiche alle Art
- zu Beginn einer Unterrichtssequenz/einer Unterrichtseinheit (Abfragen von Vorwissen/Lernstandserfassung, z. B. zum Thema „Ohr", KV 75)
- am Ende einer Unterrichtssequenz/einer Unterrichtseinheit (Abfragen von Erlerntem, z. B. zum Thema „Ohr", KV 75)
- als Eisbrecher zu einem „heiklen" Thema, z. B. Dilemmageschichten
- Lesen: Abfragen von Leseverständnis, z. B. Unterschreiben von Aussagen, die sich auf den vorher gelesenen Text beziehen (vgl. KV 76)
- Mathematik/Sachaufgaben: richtige Lösungen zu Fragestellungen unterschreiben
- Mathematik/Kopfrechnen: richtige Lösungen unterschreiben
- …

© Bildungshaus Schulbuchverlage Westermann Schroedel Diesterweg Schöningh Winklers GmbH, Braunschweig 2007, ISBN 978-3-14-163024-4

Variationsmöglichkeiten dieser Methode

- provozierende Aussagen verwenden
- richtige und falsche Aussagen mischen
- ankreuzen statt unterschreiben
- ankreuzen und unterschreiben
- keine Kästchen zum Ankreuzen von richtig oder falsch verwenden (vgl. KV 76)
- Bilder statt Sätze verwenden
- weitere Schreibzeilen unter der Unterschriftszeile zum Notieren von Begründungen oder Anmerkungen
- Thesenblatt durch die Klasse erstellen lassen
- gemeinsames Aussagefeld durch die Klasse erstellen lassen

Benötigtes Material

- Thesenblatt (vgl. KV 78)
- Stifte und ggf. Schreibunterlage

Tipps und Tricks

- Lesepartner-Helfersystem: Ein sehr guter Leser ist mit einem schwächeren Leser als Tandem unterwegs.
- Setzt man ein Thesenblatt mit falschen und richtigen Aussagen zu Beginn einer Unterrichtssequenz ein, so kann es durchaus sein, dass die Lernenden Aussagen als richtig unterschreiben, die sie am Ende der Unterrichtssequenz nicht mehr unterschreiben würden, weil sie es nun besser wissen. Bei der Besprechung des Thesenblattes ist es deshalb wichtig, wie mit diesen Unterschriften im weiteren Verlauf der Sequenz sensibel umgegangen wird.
- Bei der Erstellung eines eigenen Thesenblattes das Kästchen so groß gestalten, dass die Lernenden Begründungsstichworte notieren können. Diese dienen im weiteren Verlauf als Diskussionshilfe in der Gruppe.

© Bildungshaus Schulbuchverlage Westermann Schroedel Diesterweg Schöningh Winklers GmbH, Braunschweig 2007, ISBN 978-3-14-163024-4

Planung und Durchführung am Beispiel „Bist du ein Ohrenexperte?"

Vorschlag für den Einsatz der KV 75 „Bist du ein Ohrenexperte?"
zu Beginn einer Unterrichtssequenz zum Thema „Sinne".

Schritt 1: Gesprächspartner finden (vgl. Basar, S. 14)

- Mit Thesenblatt „Bist du ein Ohrenexperte?" und Stift gehen
  die Kinder umher und suchen sich einen Partner.

Schritt 2: Frage stellen, ankreuzen und ggf. unterschreiben

- Jeder Partner liest eine Frage/Aussage der Kopiervorlage vor.
- Je nachdem, welcher Meinung der andere Partner ist, kreuzt er richtig
  oder falsch an und unterschreibt auf der vorgesehenen Linie.

Schritt 3: Neuen Gesprächspartner finden

- Die Lernenden suchen sich einen neuen Gesprächspartner.

Schritt 4: Auswertung

westermann®

Bist du ein Ohrenexperte?

- Jeder Partner liest eine Frage/eine Aussage vor.
- Je nachdem, welcher Meinung der andere Partner ist, kreuzt er richtig oder falsch an und unterschreibt auf der für die Unterschrift vorgesehenen Zeile.
- Finde einen neuen Gesprächspartner.

Für schnelle Kinder: Schreibe selbst einen Satz zum Unterschreiben auf.

1. Je größer das Ohr, desto besser das Hören.	☐ richtig ☐ falsch	Unterschrift
2. Das menschliche Ohr kann man vollständig von außen erkennen.	☐ richtig ☐ falsch	Unterschrift
3. So gut wie der Mensch kann kein Tier hören.	☐ richtig ☐ falsch	Unterschrift
4. Die Ohren müssen regelmäßig mit einem Wattestäbchen gereinigt werden.	☐ richtig ☐ falsch	Unterschrift
5. Je leiser es ist, desto besser kann man sich konzentrieren.	☐ richtig ☐ falsch	Unterschrift
6. Das Innenohr ist als einziges Organ des Menschen schon vor der Geburt vollkommen ausgewachsen.	☐ richtig ☐ falsch	Unterschrift
7. Handys, Digitaluhren und andere elektronische Geräte müssen ständig piepen und noch andere Geräusche von sich geben. Sonst weiß man schließlich nicht, ob sie richtig funktionieren.	☐ richtig ☐ falsch	Unterschrift
8. Eine Disco ist nicht gefährlich für die Ohren, schließlich läuft dort ja coole Musik und kein Lärm.	☐ richtig ☐ falsch	Unterschrift
9. Wer besonders laut redet, hat meistens Recht.	☐ richtig ☐ falsch	Unterschrift
10. Laute Geräte leisten mehr als leise, z. B. ein leiser Staubsauger saugt auch nicht gut.	☐ richtig ☐ falsch	Unterschrift
11. Es ist nicht schlimm, wenn man sein Gehör schädigt. Schließlich gibt es Hörgeräte, die einen Hörschaden ausgleichen können.	☐ richtig ☐ falsch	Unterschrift
_____ _____	☐ richtig ☐ falsch	Unterschrift

© Bildungshaus Schulbuchverlage Westermann Schroedel Diesterweg Schöningh Winklers GmbH, Braunschweig 2007, ISBN 978-3-14-163024-4

Die drei Spatzen

In einem leeren Haselstrauch
da sitzen drei Spatzen, Bauch an Bauch.

Der Erich rechts und links der Franz
und mitten drin der freche Hans.

Sie haben die Augen zu, ganz zu,
und obendrüber, da schneit es, hu!

Sie rücken zusammen dicht an dicht.
So warm wie der Hans hat's niemand nicht.

Sie hören alle drei ihrer Herzlein Gepoch.
Und wenn sie nicht weg sind, so sitzen sie noch.

Christian Morgenstern

1. Es sind drei Spatzen.	_____ Unterschrift
2. Die Vögel sitzen auf einem Baum.	_____ Unterschrift
3. Sie haben die Augen auf.	_____ Unterschrift
4. Erich sitzt rechts und links der Franz.	_____ Unterschrift
5. In der Mitte sitzt Peter.	_____ Unterschrift
6. Es regnet.	_____ Unterschrift
7. Hans hat es am wärmsten.	_____ Unterschrift
8. Das Gedicht ist von Christian Morgenstern.	_____ Unterschrift

© Bildungshaus Schulbuchverlage Westermann Schroedel Diesterweg Schöningh Winklers GmbH, Braunschweig 2007, ISBN 978-3-14-163024-4

Verhaltensregeln für das Schullandheim

- Jeder Partner liest eine Frage/eine Aussage vor.
- Je nachdem, welcher Meinung der andere Partner ist, kreuzt er richtig oder falsch an und unterschreibt auf der für die Unterschrift vorgesehenen Zeile.
- Finde einen neuen Gesprächspartner.

1. Wir kommen zu spät zum Treffpunkt, denn es macht Spaß dem Bus nachzurennen.	Unterschrift
2. Ich wasche/dusche mich täglich. Meine Zähne zu putzen, vergesse ich nicht.	Unterschrift
3. Bei Mahlzeiten warten wir mit dem Beginn des Essens, bis jeder etwas auf seinem Teller hat. Jeder nimmt sich nur so viel, dass zunächst einmal jeder etwas bekommt.	Unterschrift
4. Im Bus toben und schreien wir herum, damit alle Leute uns mögen. Der Busfahrer liebt etwas Abwechslung.	Unterschrift
5. An gemeinsamen Veranstaltungen nehmen alle Kinder teil.	Unterschrift
6. Wenn wir umsteigen, rennen wir überall herum. Es ist wichtig, sich überall gut auszukennen.	Unterschrift
7. Nach dem Aussteigen aus dem Bus rennen wir sofort los und suchen unser Zimmer! Das kann jeder alleine, wir sind doch groß! Auf Autofahrer brauchen wir dabei nicht achten. Die haben ja den Führerschein und können ausweichen.	Unterschrift
8. Einen Teil unseres Gepäcks lassen wir im Bus als Erinnerung an uns zurück.	Unterschrift
9. Abfälle werfen wir aus dem Fenster, dann liegen sie nicht im Bus herum.	Unterschrift
10. Den Ort begrüßen wir schreiend, rennend und tobend, damit die Bewohner wissen, dass wir da sind. Die Leute mögen das, es kommen jede Woche Klassen an.	Unterschrift
11. Mit dem Beginn der Nachtruhe ist. Ruhe in den Zimmern und auf den Gängen.	Unterschrift
12. Der Hausverwaltung und den Lehrern hören wir nicht zu. Sie mögen gerne schreiende, freche und vorlaute Kinder.	Unterschrift
13. Spiele und Geräte von anderen behandle ich sorgfältig und benutze sie nur mit deren Einverständnis.	Unterschrift
14. Zum Zählen brauchen wir uns nicht in Zweierreihen aufstellen. Der Lehrer weiß doch, wie viele Schüler er hat!	Unterschrift
15. Im Haus achte ich auf Ordnung. Mein Zimmer räume ich auf und mache jeden Morgen mein Bett.	Unterschrift

© Bildungshaus Schulbuchverlage Westermann Schroedel Diesterweg Schöningh Winklers GmbH, Braunschweig 2007, ISBN 978-3-14-163024-4

Galerie

= Präsentationsmethode

Intention

Bei der Galerie handelt es sich im Vergleich zum Lernspaziergang, bei dem Inhalte erarbeitet werden, um eine Präsentationsmethode, mit der folgende Ziele verfolgt werden:

- Präsentation und Information von Einzel- oder Gruppenergebnissen
- Visualisierung, Austausch und Sicherung von (Gruppen-)Ergebnissen
- Meinungs-/Gedankenaustausch über ein Thema (mit Argumenten)
- Schulung des freien Vortrags durch die Präsentation der Ergebnisse im Vergleich
- ...

Durchführung

Vorbereitung:

- Die Kinder erstellen in Gruppen Plakate zu einem Thema. Dabei erhalten sie Tipps und Hinweise zur Gestaltung von Plakaten (vgl. KV 82).

Schritt 1: Präsentation der Ergebnisse

- Das Klassenzimmer wird z. B. nach einer (arbeitsteiligen) Gruppenarbeit zur Ausstellung.
- Die Ergebnisse (Plakate) werden im Raum verteilt aufgehängt oder liegen auf Tischen.

Schritt 2: Einzel- bzw. Partnerarbeit

- Die Kinder gehen im Zimmer umher und haben dabei die Aufgabe und die Zeit, die Plakate zu betrachten und sich selbstständig über deren Inhalt zu informieren.

© Bildungshaus Schulbuchverlage Westermann Schroedel Diesterweg Schöningh Winklers GmbH, Braunschweig 2007, ISBN 978-3-14-163024-4

© Bildungshaus Schulbuchverlage Westermann Schroedel Diesterweg Schöningh Winklers GmbH, Braunschweig 2007, ISBN 978-3-14-163024-4

Mögliche Formen der Weiterarbeit

- offene Diskussion
- Klärung offener Fragen
- Zusammentragen von Meinungen
- Weiterarbeit anhand der Feedbackbögen
- …

Einsatzmöglichkeiten dieser Methode

- Präsentation von (arbeitsteiligen) Gruppenergebnissen in allen Fächern
- Präsentation von Ergebnissen in allen Fächern
- Informationen über ein Thema visualisieren
- Sachunterricht: Tieres des Waldes (Steckbriefe), Ernährung, Wiese, verschiedene Länder präsentieren
- Deutsch/Gedicht: selbst geschriebene Gedichte vorstellen
- Deutsch/Lesen und mit Literatur umgehen: Lieblingsbücher vorstellen
- Mathematik/Sachrechnen: erfundene Rechengeschichen darstellen und/oder gefundene Lösungswege aufzeigen
- Kunst: Biografien von Künstlern darstellen
- Englisch: Vorstellen der eigenen Person
- …

© Bildungshaus Schulbuchverlage Westermann Schroedel Diesterweg Schöningh Winklers GmbH, Braunschweig 2007, ISBN 978-3-14-163024-4

Variationsmöglichkeiten dieser Methode

Geführte Galerie

- Variation 1: Es bilden sich gemischte Gruppen (ein Kind aus jeder Gruppe), die gemeinsam von Plakat zu Plakat gehen. Dabei stellt jeweils ein Kind als Experte das Ergebnis seiner vor bzw. steht für Rückfragen zur Verfügung.
- Variation 2: Die Klasse geht als Gesamtgruppe gemeinsam von Plakat zu Plakat. Jede Gruppe stellt ihr Ergebnis vor.

Präsentation mit Feedbackbogen (vgl. KV 82)

- An jeder Station liegt ein Feedbackbogen für die „Verfasser", auf den die Betrachter beim Herumgehen Rückmeldungen hinterlassen können.

Präsentation mit Laufzettel (vgl. KV 83)

- Jedes Kind erhält einen Laufzettel, auf den es seine individuellen Eindrücke, Fragen notieren kann.

Benötigtes Material

- für die Vorarbeit evtl. Marker, Schere Lineal, Wortkarten
- erstellte Plakate oder andere Schülerergebnisse
- ggf. Flipcharts bzw. Pinnwände
- ggf. Feedbackbögen und Stifte
- ggf. Laufzettel und Stifte

Tipps und Tricks

- Für die Erstellung von Plakaten: Texte nicht direkt auf das Plakat schreiben lassen, sondern Streifen und Wortkarten vorgeben, dann können Fehler leichter korrigiert werden, ggf. evtl. Zeilen vorgeben.
- Einsatz nach einer Einzelarbeit, z.B. Kunst: Die Bilder der Kinder bleiben auf den Tischen liegen, die Kinder laufen im Klassenzimmer umher und betrachten die Bilder der Mitschüler.
- Bei der Erstellung eines eigenen Thesenblattes das Kästchen so groß gestalten, dass die Lernenden Begründungsstichworte notieren können. Diese dienen im weiteren Verlauf als Diskussionshilfe in der Gruppe.

Kopiervorlage 81: Galerie – Beispiel

Planung und Durchführung am Beispiel „Tiere des Waldes"

Vorschlag für eine Galerie am Beispiel „Tiere des Waldes"
nach einer arbeitsteiligen Gruppenarbeit.

Vorbereitung:

- Die Kinder erstellen in Gruppen Plakate zu je einem Waldtier,
  z.B. Reh, Fuchs. Dabei erhalten sie Tipps und Hinweise zur Gestaltung
  von Plakaten (vgl. KV 90).

Schritt 1:

- Das Klassenzimmer wird z.B. nach der arbeitsteiligen Gruppenarbeit
  zu den Tieren des Waldes zur Ausstellung.
  Die Ergebnisse (Plakate) werden im Raum verteilt aufgehängt
  oder liegen auf Tischen.

Schritt 2: Einzel- bzw. Partnerarbeit

- Die Kinder gehen im Zimmer umher und haben dabei die Aufgabe
  und die Zeit, die erstellten Plakate zu betrachten und sich selbstständig
  über deren Inhalt zu informieren.

Schritt 3: Aussprache und Zusammenführung

© Bildungshaus Schulbuchverlage Westermann Schroedel Diesterweg Schöningh Winklers GmbH, Braunschweig 2007, ISBN 978-3-14-163024-4

So gelingt dein Plakat

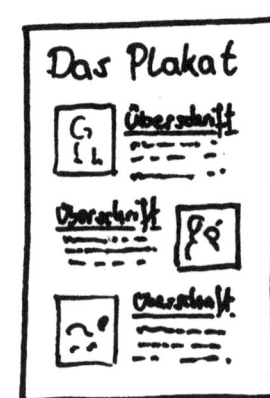

Schreibweise

- Verwende beim Schreiben Groß- und Kleinbuchstaben in Druckschrift.
- Schreibe die Buchstaben ca. 3 cm groß.
- Notiere deine Ergebnisse in Stichworten.

Gestaltung

- Schreibe Überschriften in einer anderen Farbe und/oder unterstreiche sie.
- Gliedere das Plakat übersichtlich.
- Bilder und/oder Skizzen machen dein Plakat übersichtlicher!

Beispiel für einen Feedbackbogen

Arbeitsauftrag

- Sieh dir das Plakat genau an und informiere dich über seinen Inhalt.
- Hast du Fragen? Notiere diese.

_____

_____

_____

_____

_____

- Notiere ggf. Tipps zur Gestaltung des Plakates.

_____

_____

_____

_____

_____

westermann

Beispiel für einen Laufzettel

Arbeitsauftrag

- Sieh dir das Plakat genau an
  und informiere dich über seinen Inhalt.
- Hast du Fragen? Notiere diese.

_____

_____

_____

_____

_____

_____

- Notiere ggf. Tipps zur Gestaltung des Plakates.

_____

_____

_____

_____

_____

Blitzlicht

= Feedback oder (Zwischen-)Reflexion

Intention

- Abfragen von Stimmungen oder Meinungen sowohl zu Beginn, als Zwischenbilanz oder als Abschluss eines Lernprozesses
- jeder Lernende erhält die Möglichkeit, sich zu beteiligen
- alle Teilnehmer, auch diejenigen, die sonst nichts sagen, sind integriert und gleichzeitig werden „Vielredner" gebremst
- Feedback-Methode, um Rückmeldung zu einem bestimmten Thema oder Gruppenprozess zu erhalten
- …

Durchführung

- Mit wenigen Worten äußert sich jeder Lernende zu einer klar und eindeutig formulierten Fragestellung.

Schritt 1: klar formulierte Fragestellung oder klar formulierter Impuls
- Das Die Lehrkraft gibt z.B. einen Satzanfang vor („Das möchte ich wissen …", „Wie fühle ich mich gerade?", „Darauf freue ich mich am meisten!", „Gelernt habe ich heute …", „Am Thema Ritter interessiert mich …").

Schritt 2: Äußerungen der Lernenden
- Die Lernenden äußern sich knapp zur formulierten Fragestellung oder zum klar formulierten Impuls.

Schritt 3: Äußerungen bleiben unkommentiert stehen
- Die Beiträge aus der Gesprächsrunde werden nicht diskutiert und nicht bewertet.

© Bildungshaus Schulbuchverlage Westermann Schroedel Diesterweg Schöningh Winklers GmbH, Braunschweig 2007, ISBN 978-3-14-163024-4

Mögliche Formen der Weiterarbeit

- Visualisieren der Äußerungen als Gesamteindruck
- Aufnehmen und Berücksichtigen der Äußerungen und Stimmungen in die weitere Unterrichtsplanung und den weiteren Unterrichtsverlauf
- zweite Gesprächsrunde: Die Lehrkraft gibt einen Satzanfang vor: „Bei der Methode Blitzlicht hat mir gefallen, dass ..." (vgl. auch KV 89)
- dritte Gesprächsrunde: Die Lehrkraft gibt einen Satzanfang vor: „Damit die Methode Blitzlicht besonders gut klappt, empfehle ich ..." (vgl. auch KV 90)
- ...

Einsatzmöglichkeiten dieser Methode

- Momentaufnahme eines Stimmungs- oder Meinungsbildes einer Gruppe, z.B. zu einer Thematik, einem Problem, einem Konflikt, dem weiteren Vorgehen (z.B. Äußerung von Erwartungen), ungeklärten Fragen, als Feedback zu einer Methode, zum Erfassen des Gefühlsstandes.
- Methode kann in der Orientierungsphase am Anfang, zur Zwischenbilanz oder zum Abschluss einer Sequenz eingesetzt werden.
- ...

© Bildungshaus Schulbuchverlage Westermann Schroedel Diesterweg Schöningh Winklers GmbH, Braunschweig 2007, ISBN 978-3-14-163024-4

© Bildungshaus Schulbuchverlage Westermann Schroedel Diesterweg Schöningh Winklers GmbH, Braunschweig 2007, ISBN 978-3-14-163024-4

Variationsmöglichkeiten dieser Methode

- Reihenfolge der Äußerungen festlegen, z. B. der Reihe nach im Kreis.
- Arbeit mit Metaphern, z. B. „Nach dieser Unterrichtsstunde ist meine Stimmung sonnig, bewölkt, gewittrig, stürmisch, neblig …".
- Statt „Jeder sagt nur einen Satz!", alternativ „Jeder hat eine halbe Minute Zeit!"
- Alle müssen sich äußern.
- Die Äußerung von den Lernenden begründen lassen.
- Statt Fragen können auch Sätze, Zitate oder Bilder Sprechanreize sein.
- Schriftliches Blitzlicht anbieten (z. B. 1–2 Sätze in eine Denkblase schreiben).
- Die Klasse formuliert die Frage oder den Impuls für die Gesprächsrunde.

Benötigtes Material

- bei mündlichem Austausch keine Materialien notwendig
- Zum Visualisieren ggf. Tafel oder Plakat und Marker

Tipps und Tricks

- Entscheidend für ein Blitzlicht ist die Fragestellung: Je konkreter desto hilfreicher für die Sprechenden und die Auswertung.
- Es sollen keine Entscheidungen gefällt, sondern nur Stimmungen und Argumente gesammelt werden. Erste Tendenzen werden sichtbar gemacht.
- Ein Redestein legt genau fest, wer im Moment sprechen darf.
- Ein schriftliches Blitzlicht kann aus ein oder zwei Sätzen bestehen, die man z.B. in eine vorgegebene Denkblase hineinschreibt.
  Das schriftliche Blitzlicht hat den Vorteil, dass diese Reflexion automatisch dokumentiert ist.
- Äußerungen dürfen weder kommentiert noch kritisiert werden.
- Wichtige Äußerungen kann man in einem Protokoll festhalten.
- Hilfreich ist es, einen Satzanfang als Sprechreihe vorzugeben, z.B. „Am interessantesten finde ich, dass …".
- Jedes Kind spricht nur über sich und benutzt „ich" statt „man".
- Die Fragestellung zu visualisieren (z. B. als Satzanfang auf einer Karte) und in der Runde auszulegen, erleichtert das Reden zur Fragestellung.
- Jeder hat die Möglichkeit sich zu äußern! Keiner ist gezwungen sich zu äußern! Wer sich nicht äußern möchte sagt: „Ich gebe weiter!"
- Es ist wichtig, nachdem man den Gesprächsrundenimpuls formuliert hat, eine kleine Pause zu machen, um dem ersten Sprechenden die Möglichkeit zu geben, zu überlegen. Die Qualität der Beiträge steht und fällt mit der Pause zwischen Fragestellung und Start.

COPY

© Bildungshaus Schulbuchverlage Westermann Schroedel Diesterweg Schöningh Winklers GmbH, Braunschweig 2007, ISBN 978-3-14-163024-4

Planung und Durchführung am Beispiel „Bist du ein Ohrenexperte?"

Vorschlag für den Einsatz dieser Methode im Rahmen der Reflexion, nachdem die Kinder die KV 75 bearbeitet haben.

Schritt 1: Klar formulierte Fragestellung oder klar formulierter Impuls
- Die Lehrkraft gibt einen Satzanfang vor: „Bei der Methode Das unterschreibe ich hat mir gefallen, dass ..."

Schritt 2: Äußerungen der Lernenden
- Die Lernenden äußern sich knapp zum klar formulierten Impuls.

Schritt 3: Äußerungen bleiben unkommentiert stehen.

Die Methode des Blitzlichts kann mit einfachen Mitteln, z.B. in Phasen der Reflexion, veranschaulicht werden (vgl. S. 96, Bergwiese). Im Idealfall lässt sich die gewählte Metapher mit dem besprochenen Thema in Verbindung bringen.

Rot, gelb, grün

 Material
- für jeden Lernenden eine rote, eine grüne und eine gelbe Karteikarte

Jeder Lernende erhält jeweils eine rote, eine grüne und eine gelbe Karteikarte.

Das bedeuten die einzelnen Farben:

- Grün: Das hat mir sehr gut gefallen./Dieser Aussage stimme ich voll zu.
- Rot: Das hat mir nicht gefallen./Dieser Aussage stimme ich nicht zu.
- Gelb: Das hat mir einigermaßen gefallen./Ich weiß es nicht./Ich bin unentschlossen.

Der Lehrende stellt eine Behauptung auf. Jedes Kind überlegt, was es dazu denkt und welche Karte es gleich zeigt.

Nach kurzer Bedenkzeit und nach dem Impuls „Rot, Gelb oder Grün" heben alle Lernenden gleichzeitig ihre Karten.

Bergwiese

 Material
- einen Stein und eine Blume
- für jeden Lernenden eine Karteikarte zum Beschriften

Jeder Lernende schreibt auf eine Karteikarte negative bzw. positive Bewertungen. Die Karte legt er dann entweder zur Blume (Positives) oder zum Stein (Negatives).

Daumenreflexion

 Material
- Es wird kein zusätzliches Material benötigt.

Nach einer Unterrichtsphase stellen sich die Lernenden im Kreis zusammen und schließen die Augen. Der Lehrende gibt eine Aussage zu dem gerade Erarbeiteten vor, wie z.B. „So gut haben wir in der Gruppe zusammengearbeitet."

Die Teilnehmerinnen und Teilnehmer überlegen sich ihre Bewertung zu dieser Frage und zeigen diese mit ihrem Daumen an. Die Gruppe öffnet die Augen und kann das Meinungsbild an den Daumenhaltungen ablesen.

Das bedeuten die einzelnen Daumenhaltungen:

 Das hat mir sehr gut gefallen./Dieser Aussage stimme ich voll zu.

 Das hat mir nicht gefallen./Dieser Aussage stimme ich nicht zu.

 Das hat mir einigermaßen gefallen./Ich weiß es nicht./
Ich bin unentschlossen.

© Bildungshaus Schulbuchverlage Westermann Schroedel Diesterweg Schöningh Winklers GmbH, Braunschweig 2007, ISBN 978-3-14-163024-4

westermann®

Kopiervorlage 89: Bewertung der Methoden 1

© Bildungshaus Schulbuchverlage Westermann Schroedel Diesterweg Schöningh Winklers GmbH, Braunschweig 2007, ISBN 978-3-14-163024-4

Bei der Methode hat mir gefallen, dass

_____

_____

_____

Bei der Methode hat mir gefallen, dass

_____

_____

_____

Bei der Methode hat mir gefallen, dass

_____

_____

_____

Bei der Methode hat mir gefallen, dass

_____

_____

_____

Bei der Methode hat mir gefallen, dass

_____

_____

_____

Bei der Methode hat mir gefallen, dass

_____

_____

_____

Bei der Methode hat mir gefallen, dass

_____

_____

_____

Bei der Methode hat mir gefallen, dass

_____

_____

_____

Kopiervorlage 90: Bewertung der Methoden 2

Damit die Methode besonders gut
klappt, empfehle ich ...

_____

_____

_____

Damit die Methode besonders gut
klappt, empfehle ich ...

_____

_____

_____

Damit die Methode besonders gut
klappt, empfehle ich ...

_____

_____

_____

Damit die Methode besonders gut
klappt, empfehle ich ...

_____

_____

_____

Damit die Methode besonders gut
klappt, empfehle ich ...

_____

_____

_____

Damit die Methode besonders gut
klappt, empfehle ich ...

_____

_____

_____

Damit die Methode besonders gut
klappt, empfehle ich ...

_____

_____

_____

Damit die Methode besonders gut
klappt, empfehle ich ...

_____

_____

_____

© Bildungshaus Schulbuchverlage Westermann Schroedel Diesterweg Schöningh Winklers GmbH, Braunschweig 2007, ISBN 978-3-14-163024-4

westermann®

Literatur

4

Alsheimer, M./Müller, U./Papenkort, U.: Spielend Kurse planen. Die Methoden Kartothek (nicht nur) für die Erwachsenenbildung. Lexika Verlag München 1996; zu bestellen im unter: www.methoden-kartothek.de

Besser, R.: Transfer: Damit Seminare Früchte tragen, Beltz Verlag, Weinheim und Basel 2001

Dröse, I./Weiß, L: Lernen lernen – Lehren lehren, Band 1, Auer Verlag, Donauwörth 2002

Dröse, I./Weiß, L: Lernen lernen – Lehren lehren, Band 2, Auer Verlag, Donauwörth 2003

Geißler, K. A.: Lernprozesse steuern, Beltz Verlag, Weinheim und Basel 1995

Gugel, G.: Methoden-Manual 1 – Neues Lernen, Beltz Verlag, Weinheim und Basel 1997

Gugel, G.: Methoden-Manual 11 – Neues Lernen, Beltz Verlag, Weinheim und Basel 1998

Hartmann, M./Funk, R./Nietmann, H.: Präsentationen: zielgerichtet und adressatenorientiert, Beltz Verlag, Weinheim und Basel 1991

Hartmann, M./Rieger, M./Luoma, M.: Zielgerichtet moderieren - Ein Handbuch für Führungskräfte, Berater und Trainer, Beltz Verlag, Weinheim 2001

Huck-Schade, J.: Neue kreative Wege im Seminar, Beltz Verlag, Weinheim und Basel 1999

Klebert, K./Schrader, E./Straub, W.: Kurz Moderation - Gestaltung der Meinungs- und Willensbildung in Gruppen, die miteinander lernen und leben, arbeiten und spielen, Windmühle Verlag und Vertrieb von Medien, Hamburg 1987

Klein, K.: So erklär ich das, Verlag an der Ruhr

Knoll, J.: Kurs- und Seminarmethoden, Beltz Verlag, Weinheim und Basel 1991

Knoll, J.: Kleingruppenmethoden, Beltz Verlag, Weinheim und Basel 1993

Langmaack, B./Braune-Krickau, M.: Wie die Gruppe laufen lernt, Psychologie-Verlags-Union München 1989

Lipp, U., Will, H.: Das große Workshop-Buch, Beltz Verlag, Weinheim und Basel1996

Nissen, P./Iden, U.: Kurskorrektur Schule. Ein Handbuch zur Einführung der Moderationsmethode im System Schule, Windmühle-Verlag, Hamburg 1995

Weidenmann, B.: Erfolgreiche Kurse und Seminare, Beltz Verlag, Weinheim und Basel 1995

Fiegl u. a.: Sachkunde kreativ unterrichten – Wald: Oldenbourg, München 2000

Bichler u. a.: Sachunterricht im 3. Schuljahr, Oldenbourg München 2003

Interessante Internetadressen

http://www.kinderpolitik.de/methoden
http://www.physik-lexikon.de
→ Liste der Unterrichtsmethoden
http://db.learnline.de/angebote/ methodensammlung
http://www.learn-line.nrw.de/angebote/ uekontaktschulen/medio/Methoden/index.htm